고대 이스라엘의 종교교육

발생부터 AD 70년까지

Education in Ancient Israel

by Fletcher H. Swift

ⓒ 유재덕 2012

고대 이스라엘의 종교교육

발생부터 AD 70년까지

플래처 H. 스위프트 지음 / 유재덕 옮김

도서출판
소망
S·O·M·A·N·G

어려서부터 하나의 법을
경외하고 사랑하도록
일깨워준 아버지에게
감사의 마음으로 바친다.

차례

옮긴이 머리말

　플래처 H. 스위프트의 「고대 이스라엘의 종교교육」은 책의 분량에 비해서 영향력이 상당하고 지속적이라고 할 수 있다. 일차적으로 본서가 갖는 학문적 의의는, 고대 이스라엘 교육을 주제로 삼고 있는 기존의 저서나 연구의 빈곤함 때문에 한층 더 두드러진다. 그동안 고대 그리스의 아테네와 스파르타, 그리고 로마의 교육에 관한 연구는 전문적인 연구자들에 의해서 일정한 학문적 성과를 축적해왔다. 하지만 고대 이스라엘의 교육이나 교육제도에 관한 연구 분야는 그렇지 못한 게 사실이다. 전문가를 대상으로 하는 연구논문들이나, 그것들을 단행본으로 엮어낸 저서들이 일부 있었을 뿐이다. 이런 측면에서 볼 때 학자는 물론이고 종교교육의 역사에 흥미를 갖고 있는 일반을 대상으로 교육사적 관점에서 고대 이스라엘의 교육을 체계적으로 개괄한 본서가 갖는 의미는 특별하다.

　「고대 이스라엘의 종교교육」이 갖는 또 다른 의의는 충실한 내용에서 확인할 수 있다. 저자 스위프트는 이스라엘에서 교육이 발생할 때부터 로마제국에 의해서 예루살렘이 함락된 70년까지의 역사를 일괄하면서 고대 히브리의 문헌은 물론이고 영어와 독일어, 그리고 프랑스어로 저술된 외국의 자료들을 일일이 인용하고 주장의 근거를 제시함으로써 이스라엘 교육의 실체를 입체적으로 재구성한다. 저자의 이런 성실한 연구 자세는 그가 발표한 다른 저서들이나 여러 편의 연구 논문들에서도 확인할 수 있지만, 일차 자료에 대한 충분한 검토나 연구 없이 이차 자료들을 근거해서 이스라엘 역사나 교육의 역사를 반복해서 요약하는 것에 만족하는 일부 연구자들에게 상당한 경종이 될 수 있다.

플래처 스위프트가 직접 고백하듯이, 그는 유대적 배경에서 성장해서 20세기 초반에 왕성하게 활동한 일반 교육학자이다. 본래의 전공은 교육정책 분야라서 미국의 각 주 정부들의 주요 교육정책과 관련된 주제를 집중적으로 연구했고, 여러 권의 관련 저서들을 발표한 바 있다. 실증적인 차원에서 공립학교의 재정을 집중적으로 연구한 그의 논문과 저서들은 학계로부터 높은 평가를 받았다. 유대 전통에 충실한 대개의 유대인들이 그렇듯이 평소에 유대 공동체의 유산을 강조한 그의 저서들 가운데는 본서 이외에도 드라마 대본으로 엮어서 집필한 요셉의 생애(Joseph: a drama for children in one act and three, 1907)가 유명하다.

본서를 번역하게 된 것은 기독교 역사와 기독교교육의 역사에 관한 저서의 집필과 번역 작업이 계기가 되었다. 고대 이스라엘에 관한 부족한 자료 때문에 윌리엄 바클레이(William Barclay)나 아돌프 하르낙(Adolf von Harnack) 등의 저서를 확인하는 과정에서 자연스럽게 스위프트의 「고대 이스라엘의 종교교육」을 접할 수 있었다. 물론, 본서가 20세기 초반에 집필된 탓에 비교적 최근의 연구 자료들을 충분히 반영하지 못하고 있다는 게 약점으로 간주될 수도 있겠지만, 고대의 문헌들에 근거한 연구의 폭이 여전히 제한적일 수밖에 없다는 상황을 고려하면 학문적 의의는 여전하다. 이런 본서의 한계를 보완할 목적으로 바클레이의 저서(Educational Ideals in the Ancient World)와 제임스 크랜쇼(James L. Crenshaw)의 저서(EDUCATION IN ANCIENT ISRAEL: Across the Deadening Silence) 가운데 일부를 발췌하고 번역해서 각각 부록에 포함시켰다. 바클레이는 탁월한 신약학자이면서 고대 근동언어 전공자답게 고대 이스라엘 교육과 교육적 의미를 포함하고 있는 절기와 풍습을 치밀하게 소개했고, 현재 듀크 대학교 신학대학원의 구약학 교수로 있는 제임스 크랜쇼는 구약의 지혜를 연구하면서 고대 이스라엘의 학교 존재 여부를 금석학 자료를 중심으로 흥미롭게 전개했다.

끝으로, 「고대 이스라엘의 종교교육」이 출판될 수 있도록 지원해준 서울신학대학교 기독교교육연구소와 기독교교육과 교수님들에게 감사한다. 이미 현직에서는 은퇴하셨지만 기독교교육연구소 전임 소장으로서 본서의 출판을 처음 허락하고 격려해주신 김성은 교수님, 기독교교육연구소에서 개최하는 팔일 기념 정기세미나를 비롯해서 다양하게 추진되는 사업들의 진행을 돕고 있는 대학원생 박주미, 최은별, 민희진, 이각균, 책의 출판을 도와준 김진혁에게 감사한다. 그리고 「고대 이스라엘의 종교교육」의 출판을 맡아준 도서출판 소망 방주석 대표님과 편집부에 역시 감사드린다.

유재덕

 머리말

영어로 접할 수 있는 히브리 교육에 관한 글은 대부분 낡았든지 내용이 부정확하다. 현대 교육의 기원을 연구할수록 지금껏 제시된 히브리 교육에 대한 빈약한 내용을 설명하는 게 더 어려워진다. 그리스 교육을 다루면서 음악, 춤, 신체 및 군사 훈련을 포함시키는 것을 당연하게 간주해온 교육사 저자들은 히브리 교육을 논의하면서 동일한 비중의 이런저런 주요 주제를 상당 부분 간과했다. 고대 히브리 교육의 이런 모습들에 관한 정보가 대체로 빈약하고 불충분하다는 사실이 활용 가능한 자료를 제시하지 못하는 이유가 될 수는 없다.

이 책의 내용은 다른 고대인들에게 오랫동안 그랬듯이 영어로 고대 이스라엘의 교육을 광범위하게 다룬 최초의 시도라고 생각한다. 역사가 더 큰 난관으로 작용하거나 저자가 개인적으로 평형을 유지할 수 있는 더 많은 여지를 남긴 민족은 존재하지 않는다. 모든 독자가 이 작은 책이 제시하는 전체 견해에 관심을 갖는 것은 기대할 수 없다. 히브리 역사에 대한 어떤 이론을 변증하려는 마음도 없다. 목적은 문제를 기술하면서 제시했다. 약점이 무엇이든지 간에 히브리인들의 타고난 성향을 무르익게 한 환경은 풍요롭고 다양했고, 교육의 영향이 적지 않게 작용했다는 사실을 독자들이 확인하게 되기를 기대한다. 아울러서 앞으로 히브리 교육에 관해서 집필할 저자들이 편협한 전통의 한계를 벗어나도록 자극을 줄 수 있다면 전혀 소득이 없지는 않을 것이다.

이 책이 AD 70년 이후를 다루지 않는다는 사실은 전적으로, 혹은 대체로 성서시대 이후의 교육을 취급하는 상당수의 권위 있는 저서들(가령, 그래스버거Grassberger)을 참고문헌에 포함시키지 않은 것에 대한 이유가 될 수 있다.

히브리어를 표기할 경우에는 이 책이 의도한 대중의 관점에서 일부 변화가 불가피할 때를 제외하고는「유대 백과사전」(Jewish Encyclopedia)을 따랐다.

권위 있는 저서들을 인용하면서 숫자와 문자로 설명한 내용은 이 책의 마지막에 포함된 참고문헌 앞에 나오는 각주에서 확인할 수 있다.

저자는 미네소타 대학에서 히브리 문학 및 역사학 교수를 지낸 미네아폴리스의 데이너드(S. N. Deinard) 랍비, 필라델피아 그래츠 대학의 그린스턴(Julius H. Greenstone) 교수, 그리고 미네아폴리스의 매트(C. David Matt) 랍비에게서 소중한 도움을 받았음을 밝혀두고 싶다. 그들은 원고를 꼼꼼히 읽어주었고, 그들의 비평과 제안 덕분에 결정적인 수정을 여러 차례 할 수 있었다.

미네소타 대학교에서
플래처 하퍼 스위프트

포로기 이전 시대의 종교교육

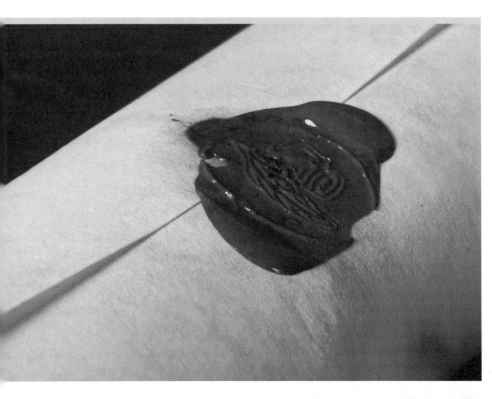

I 포로기 이전 시대의 종교교육

"대략 2천년 동안…개념과 기준과 이상이 새롭게 태어났지만, 그럼에도 불구하고 고대 히브리인들에 근거한 영적 경험은 부단히 발전해 온 기독교 국가들에게 영감을 안겨주었고 질책했고 위로와 지침이 되어주었다." - 1장 서론에서

:

기독교는 종교적 및 도덕적 유산의 상당 부분을 고대 히브리인들에게 빚지고 있다. 우리의 문제는 이 유산이 어떻게 형성되었고, 그것의 발전과 전달 과정에서 교육이 어떤 역할을 담당했는지 파악하는 것이다.

히브리인들은 본디 유목민이었다. 그들은 BC 1150년[1] 무렵에 팔레스타인에 침입했고, 점진적으로 정복해나가면서 유목생활에서 농업 및 산업생활로 발전해나갔다. 여러 부족들이 짧은 기간에 팔레스타인에서 단일 왕조를 형성했다. 이 왕조는 BC 933년에 유다와 이스라엘이라는 두 개의 경쟁 국가로 분열되었다. 이스라엘은 BC 723년경에 멸망했다. 유다는 우여곡절 끝에 70년까지 국가로 존속했다.

유다의 역사는 48년간(BC 586-538)[2]과 흔히 포로기라고 부르는 바빌론에서의 강제적인 체류라는 두 개의 시기로 대분된다. 포로기 이전의 히브리인들은 이민족들에게 상당한 신세를 졌다. 그

럼에도 불구하고 그들은 자신들이 차용한 것을 본래의 성향대로 대부분 변형시켰고, 그래서 우리는 이 시기를 토착기(Native Period)라고 부른다.

| 서론 |

헤브라이즘과 기독교 그리스인들과 로마인들이 의도하지 않게 인류를 위해서 전자는 지적 문화를, 그리고 후자는 사회 및 제도적 측면에서 발전을 이룩했다고 말할 수 있다면 히브리인들은 우리를 대신해서 종교와 도덕의 유산을 상당 부분 형성하고 발전시킨 사람들이라고 소개할 수 있다. 히브리인의 경험을 뒤좇은 민족마다 히브리인들의 의로운 하나님을 접했고, 그리고 의식하지 못하는 사이에 영적 개념이 형성되었다.

유대교와 기독교의 본래 관계는 오래 전에 있었던 유대교와 기독교 사이의 제도적 분열과 지속적으로 양자가 결별 상태를 유지함으로써 모호해졌다. 기독교의 창시자는 유대인 가정에서 양육되었고, 유대인 학교를 다녔고[3] 그리고 실제로 히브리 예언자들의 가장 대표적인 교훈을 바탕으로 삼았다. 대략 2천년 동안 나사렛 예수의 교훈과 삶으로부터 개념과 기준과 이상이 새롭게 태어났지만, 그럼에도 불구하고 고대 히브리인들에 근거한 영적 경험은 부단히 발전해온 기독교 국가들에게 영감을 안겨주었고 질책했고 위로와 지침이 되어주었다.

문제 히브리인의 종교와 도덕의 기본적 특징은 무엇이고, 그리고 여러 외국인들의 영적 삶을 압도하게 된 사상과 오랫동안 기독교 세계를 위한 일차적 및 최종적인 문서 구실을 했던, 기념비적 문학작품을 소유한 히브리인의 종교와 도덕 정신이 발전하는 과정에서 교육은 어떤 기여를 했을까? 이 민족의 정신과 교리와 이상이라는 유산을 자극하고 후원하고 보존하고 전달하게 만든 제도는 무엇이고, 교사들은 누구이고, 그리고 방법은 무엇이었을까? 이런 질문들에 대답하기에 앞서 히브리인의 역사에서 아주 중요한 시기를 기억하고, 서로 관련된 가장 대표적인 사건들이나 운동들 가운데 일부를 히브리인들의 교육적 발전을 해석할 수 있는 기초로 삼기 위해서 간단하게 살펴볼 필요가 있다.

표1 히브리의 역사

I. 유목(초기부터 팔레스타인의 정복과 정착까지)

　　1. 초기부터 팔레스타인의 침입까지(BC 1150년[4])

　　2. 사사기(BC 1150년이나 그 이전부터 BC 1030년)

II. 왕조시대

　　1. 사울(처음에는 베냐민 지파만 지배)의 통치
　　　(BC 1030년-1010년[5])

　　2. 다윗의 통치(BC 1010년-973년)

　　3. 솔로몬의 통치(BC 973년-933년)
　　　왕국의 분열(BC 933년)

III. 유다와 이스라엘 경쟁기(BC 933년의 왕국 분열부터 BC 723년 이스라엘 몰락까지[6])

표2 유다의 역사

   I. 1차 자치기(BC 933년 왕국의 분열부터 BC 586년 바빌로니아
      포로기의 시작까지)

   II. 외국의 지배(BC 586년-175년)

      1. 바빌로니아의 지배(BC 586년-538년)

      2. 페르시아의 지배(BC 538년-333년)

      3. 그리스, 이집트 및 시리아의 지배
      (그리스의 지속적 영향, BC 332년-175년)

   III. 자치의 회복(마카비 왕조시대, BC 175년-63년)

   IV. 로마의 지배(BC 63년 로마의 정복부터 AD 70년 예루살렘
      함락까지)

    히브리인들의 역사는 다양한 셈족(Semitic tribes)의 등장과 발전
및 단명한 왕조의 형성 역사, 유다와 이스라엘로 분열된 왕조, 그리
고 그렇게 둘로 분리된 왕국의 후속 역사이다. 표1과 표2는 이 역사
의 대표적인 시기를 보여준다.

표3 히브리 교육의 역사

시대	기간	교사	교육기관
토착기 또는 포로기 이전	유목 초기부터 BC 586년 바빌로니아 포로기까지	부모, 제사장, 예언자	부족, 가족 (학교 없음)
서기관 또는 포로기 이후	BC 586년부터 AD 70년 분산까지	서기관[7] 또는 소페림	회당, 초등학교, 서기관 배출 학교
탈무드	70년부터 550년경의 바빌로니아 탈무드의 최종 개정까지	랍비[7]	유아부터 대학까지 완벽한 학교 제도

히브리인의 교육사는 불가피하게 정치의 역사를 곧장 뒤따른
다. 교육의 변화는 정치 및 사회적 변화와 언제나 밀접하게 결합되
어 있기 때문이다. 그렇지만, 우리에게는 그렇게 다양한 교육적 변
화의 시기와 기원에 관한 확실한 지식이 없기 때문에 다소 느슨한
구분에 만족할 수밖에 없다. 교육기관의 대표적인 유형을 통해서
그와 같은 구분의 구체적인 토대를 확인할 수 있다(표3).

| 토착기의 역사적 접근 |

정복 장차 전체적으로 이스라엘이라고 불리게 될 다수의 유목
민 셈족이 지중해 동쪽 끝과 아라비아 사막의 북서 경계지역 사이에
위치한 서남아시아 지역의 팔레스타인으로 가족과 가축 떼를 이끌
고 길을 나서기 시작한 것은 아마 3, 4천 년 전 무렵의 일이었다. 그
들이 목표로 삼고 정복해야 했던 비옥한 지역은 이미 가나안 주민들
의 차지였는데, 그들은 성벽을 갖춘 도시에서 생활했고 산업이나 사
회적 제도와 전쟁 방식에 있어서 침입자 유목민을 상당히 앞섰다.

침입과 정복의 시기는 정확하게 알 수 없다. 하지만 그 과정은
수 세기에 걸쳐서 오랫동안 점진적으로 진행되었다.[8] 잔인한 정복,
토지 구입, 근친혼이 반복되었다. 결국 이스라엘은 승리했고, 패배
한 원주민 대부분을 흡수하거나 합병했다. 그 사이에 침입자들은
아라비아 사막의 유목생활에서 반유목(semi-nomadic), 반농경(semi-
agricultural)으로 생활방식을 변경했다. 성벽을 갖춘 도시가 근거지
가 되었다. 사막의 천막은 고정된 주거지로 대체되었다.[9]

새로운 삶과 더 발전한 가나안 주민들과의 접촉으로 산업이나 정치, 지적 및 종교적 측면에 상당한 변화가 발생했다. "그때까지 밭에서 일하는 것을 알고만 있던 그들이 이제는 고정된 주거지, 집, 토지, 포도원 그리고 올리브 밭을 소유한 농부들이 되었다. 간단히 말하면, 밭갈이를 하고, 파종하고 추수하고, 타작해서 바람에 고르고, 알곡과 과일을 거두는 일이…가축을 기르는 것(그들의 본래 업무)에 추가되었다."[10] "(이스라엘 사람들은)…(가나안 주민들에게서) 농사와 간단한 기술은 물론이고 무게단위와 측량법과 글쓰기 방법을 익혔을지 모른다."[11]

사사 시대 정복 초기에는 여러 부족이 사막에서 각자 가져온 부족의 조직을 상당 부분 유지했다. "족장들은 순수한 혈통 때문에 일정하게 영향을 행사했지만, 그 영향력은 부족의 자유민들을 강제할 정도는 되지 못했다."[12] 그럼에도 불구하고 "가나안 도시들의 사례를 좇아 성격이 뚜렷한 사회가 형성되면서 지방의 자치조직들이 영향을 받았다. 우리가 '성읍의 장로들'(사사기 8:16)을 알게 된 것도 그 덕분이다." 이런 상황은 여전히 독자적이고 통합되지 않은 부족 출신의 영웅들이 지도력을 행사하던 시기, 즉 사사시대까지로 이어졌다. "단결된 행동이 필요한 전시에는 출신 부족 이외까지 지도력을 발휘하는 부족의 전사들이 부각되었다. 그리고 평화의 시기에는 전사들이 '사사'나 결정권자가 되었다."[11]

부족의 왕들과 사울 왕조 하나의 부족이 전시에 부족의 영웅을 지도자로 따르고, 평화의 시기에는 논란을 정리하게 하고, 기드온이나 입다, 혹은 아비멜렉 같은 영웅들이 영구적으로 지도력을 발휘하게 하고서 군주라는 칭호를 부여하는 것은 그리 대단한 일이 아니었다. 어쩌면 이것은 베냐민 부족 출신의 사울을 군주로 옹립함으로써 왕조의 설립을 향해서 첫걸음을 옮긴 방식이기도 했다.[13] 사울은 적절한 시기에 서너 개의 부족을 하나로 엮어서 집권한 게 분명했지만, 자신이 통치하는 영토에 대한 분명한 개념은 부족했다.[14] 그가 어떻게 조직을 운영했는지에 대해서도 역시 알려진 게 없다.[15]

다윗의 통치(BC 1010년–973년) 각 부족을 통합할 수 있는 중요한 왕권을 획득한 차기 이스라엘인은 유다 부족 출신 다윗이었다. 음유시인의 능력을 발휘하면서 사울의 왕궁에서 성장한 다윗은 급속히 대중의 사랑을 받는 바람에 어쩔 수 없이 그곳에서 도망쳐야 했다. 그는 이제 직접 불법자들의 우두머리가 되었다(사무엘상 22:2).[16] 지도자의 용기, 재능 그리고 능력을 알아본 부족의 대표들은 "갈렙의 수도, 또는 후일에 씨족 연맹체가 유다로 통합된" 헤브론에 모여서 다윗을 지도자로 옹립했다.[17]

다윗의 왕권 초기에 이스라엘은 부족들의 집합체였다. "희미하게 자신들의 혈연관계를 의식했을 뿐이었다. 그들 가운데 일부는 대체로 가나안의 생활방식을 따랐다. 그들은 노골적으로 서로 질투했다."[18] 다윗은 여부스 족이 차지한 예루살렘을 정복하고 나서 왕국의 수도로 삼았다. 그의 야심은 이스라엘 부족들 전체를 자신이 다스리는 단일 왕국으로 통합하려는 수준에는 미치지 못했다.[19] 그는 그런 왕조의 기초를 성공적으로 다졌다. 다윗은 자신을 선출한 부족들은 물론이고 외부의 열강에게서 이스라엘의 국왕으로 확실하게 인정을 받은 것 같다. 왕실은 사울 때보다 훨씬 더 체계적으로 조직되었다. 그의 가장 대표적인 치적은 예루살렘에 국왕이 예배하는 성소를 설립한 것이었는데, 약 3백 년 뒤에는 국가적인 성전이자 합법적으로 제사를 지내는 유일한 장소로 발전했다.

솔로몬의 통치(BC 973년-933년) 다윗은 세상을 뜨기 직전인 BC 973년에 아들 솔로몬을 국왕으로 선포했다. 새로운 군주는 자유민들이 부족들이 자유롭게 선출한 것과는 거리가 먼 동양의 폭군처럼 신하들을 대했다. 솔로몬은 혈족 중심의 전통적인 구분을 무시한 채 자신의 영토를 지리적인 구역에 따라서 구분하고 관장(pasha)을 시켜서 일일이 다스렸다.[20] 솔로몬은 "모든 '위대한 군주들'"처럼 건축물에 광적으로 집착했다. 그는 수도를 재건축했을 뿐 아니라 여러 개의 도시들을 요새화했다.[21] 그는 부와 값비싼 건물, 사치로 이름이 높았다. 화려한 궁전과 성전은 얼마 지나지 않아 제왕의 웅장함을 가리키는 상징이 될 만큼 아름다움이나 비용 면에서 전례가 없었다. 솔로몬은 무역에 뛰어들어서 아라비아와 교역할 목적으로 선박을 건조하고 자신의 일꾼들을 페니키아에 파견했다. 그는 자신의 상당한 야심을 이루기 위해서 사막에서 자유민으로 태어난 이들의 후손들이 감당할 수 없는 방식으로 사람들을 억압했다. 세금을 무겁게 부과하고 공공사업을 추진하면서 무임금 사역을 강요하고 이국땅에서 노역하도록 만들었다.

왕국의 분열(BC 933년) 솔로몬의 통치 기간은 40년이었다. 솔로몬이 추진한 정책에 따른 불만과 불평은 그 뒤를 이어 즉위한 아들 르호보암에게 했던 호소에 드러나 있다. 그 호소는 효과가 없었다. 르호보암은 어떤 간청도 귀담아 듣지 않았다(열왕기상 12장). 반란이 발생했다. 오직 유다와 베냐민 지파만 군주에게 충성했다. 이 두 개의 지파들이 예루살렘을 수도로 삼은 유다 왕국을 형성했다. 나머지 지파들은 세겜[22]을 수도로, 여로보암을 군주로 삼아서 북 이스라엘 왕국을 출범시켰다.

이스라엘의 멸망(BC 723년) 약 2백 년간(BC 933년-723년) 파란만장한 역사를 기록했던 이스라엘은 아시리아의 국왕 샬마네세르 4세(BC 727년 사망)와 사르곤(BC 727년-705년 재위)의 공격을 받아서 몰락했다. 대부분의 주민이 아시리아 지역으로 흩어져서 주변부 인구로 흡수되었다. 사르곤이 팔레스타인에 머물도록 허락했던 주민 역시 비슷한 운명을 맞은 것으로 보인다. 이스라엘 왕국은 더 이상 일어설 수 없을 정도로 몰락했다.

유다(BC 933년-AD 70년) 유다의 역사는 BC 933년 왕국의 분열에 따른 출발부터 로마인들에 의해서 70년에 예루살렘이 최종적으로 파괴될 때까지, 그리고 그에 따른 유대인들의 흩어짐까지 망라한다. 이 오랜 역사는 BC 586년-536년까지 강제로 바빌로니아에 머물던 기간을 기준으로 두 개의 시기로 구분되는데, 일반적으로 바빌로니아 포로기로 알려져 있다. 왕국의 분열부터 작은 국가 유다의 유배에 이르기까지 이집트와 아시리아, 또는 기타 일부 외국 열강에게 상당 기간 동안 조공을 바쳤음에도 불구하고 정치적으로 독자적인 정체성을 유지했다. BC 586년에 이 정체성은 종말을 맞았다. BC 586년부터 70년까지 유다는 마카비 왕조(BC 175년-63년)를 제외하고 차례로 외국(바빌로니아, 페르시아, 그리스, 로마)의 지배를 받았다.

| 히브리 생활의 핵심 요인들 |

히브리인들과 그들의 사회 제도의 역사는 주로 다음의 일곱 가

지 주요 요인들에 의해서 결정되었다: (1) 초기 유목생활, (2) 팔레스타인의 위치, 규모 및 물리적 특성을 포함하는 환경, (3) 외국과의 접촉, (4) 정치적 취약성, (5) 오랜 외국의 지배, (6) 종교에 부여한 우선권, (7) 하나님을 의롭고, 사랑스럽고 보편적인 아버지로 간주한 최종적인 신관으로 대표되는 종교적 개념의 성격.[23]

유목생활 우리가 보유한 기록은 팔레스타인으로 이주하기 이전까지의 유목생활 시대를 거의 언급하지 않는다. 하지만 문서가 연계하지 못하거나 의도적으로 거부한 그 내용은 집단의식에 지울 수 없는 인상을 남겼고 집단경험에 포함되었다. 일찍부터 전해진 신화, 전설 그리고 족장들의 일화에는 유목생활의 확실한 증거들이 배어 있다. 일부 사회제도나 종교적 개념 역시 출발 당시의 유목민의 특징을 오랫동안 무의식적으로 전달하고 있다.

환경 히브리인들이 팔레스타인에 정착하고 난 이후에 변모한 것, 그들이 획득한 풍습과 개념 그리고 그들의 최종적인 운명은 팔레스타인의 위치나 물리적 특성을 결정짓는 데 상당한 영향을 끼쳤다. 부분적으로 무척 비옥할 뿐 아니라 이집트에서 바빌로니아와 앗시리아로 직접 이어지는 길목에 위치한 작은 땅덩어리는 대략 매사추세츠 주와 비슷한 규모로서 약 22,100㎢ 정도이고[24] 그 위치나 비옥함, 그리고 천연자원 때문에 불가피하게 고대 강국들의 지속적인 전장이 될 운명이었다. 이 작은 국가는 자연적인 경계를 따라서 별개의 구역으로 분할됨으로써 여러 부족들이 강력하고 지속적인 결속을 형성하지 못한 채 내부의 오해와 질투, 그리고 정복을 시도하는 외부의 적들에게 쉽게 희생된 것으로 보인다.

외국과의 접촉 히브리인들은 팔레스타인에 정착해서 흩어질 때까지 거의 지속적으로 외국 문명과 접촉했다. 이 접촉에 따른 결과는 다면적이었고 이따금씩 유리하기도 했었다. 반면에 이교 국가와의 접촉은 흡수나 민족성의 상실, 그리고 히브리인들보다 열등한 도덕 및 종교적 개념이나 관습의 차용이라는 위험을 수반했다. 마침내 이런 위험들이 분명하게 드러나면서 그것을 감당할 수 있는 제도를 고안하려는 조심스런 시도가 진행되었다. 이런 노력 덕분에 예언자들의 광범위한 교훈과 비교하면 매력이 없지만, 아주 제한적이고 배타적인 성격 때문에 전 세계로 흩어진 한 민족의 정체성을 보전한 유대교가 발생하게 되었다.

　　독특한 신앙과 종교 개념　히브리인들이 민족의 종교 유산에 기여한 네 가지의 대표적인 개념들은[25] (1) 하나의 신을 유일한 존재로 믿는 일신교, (2) 보편적 아버지로서의 하나님, (3) 보편적 형제로서의 인간, (4) 종교와 도덕성의 결합, 더 정확히 말하면 동질감. 히브리 종교는 점진적으로 진화해나갔다. 소개한 개념들이 점차 진화했던 오랜 성장 과정을 간단하게 소개하면 이렇다. 토템숭배와 조상숭배[26]가 원시 히브리 종교에 어느 정도나 유입되었는지, 즉 히브리의 일신교(monotheism)가 다신교(polytheism)[27]나 단일신교(henotheism)[28]로부터 진화했는지의 여부는 지금도 여전히 추측과 논란거리가 되고 있다. 와이트하우스(O. Whitehouse)는 유목시절에 "적어도 히브리인 집단 가운데 일부는 나름의 수호신들을 모셨을" 개연성이 있다고 간주한다.[29] 부족들의 결합을 통해서 과거에 한 부족의 신이었던 야웨가 민족의 신이 되었다.[30] 정복 기간에 팔레스타인은 농업과 풍요를 상징하는 가나안의 지역 신인 바알림(Baalim, 바알의 단수형)의 산당이 산재했다. 히브리인들이 그곳을 정복하자 그들은 바알림을 추방하고 야웨를 위한 산당을 세웠다. 그래서 야웨를 위한 지역 산당이 서서히 지역의 바알림을 대체했다.[31] 그런 변화가 명목상에 그친 경우도 적지 않았던 것 같다. 추방된 바알림의 특징들과 감각적이고 문란한 의식[31]의 대부분이 새롭게 만들어진 산당에서 야웨에게 그대로 전달되었다.[32] 야웨는 유일한 신이 아니라 다른 민족의 신들보다 위대한 신으로 간주될 뿐이었다.[33] 거부하기 어려운 이집트, 페니키아 그리고 가나안 신들의 실체를 너무 철저하게 믿다보니 히브리인들은 요시아가 BC 621년에 개혁을 할 때까지 여러 야웨들을 공공연히 섬겼다.

요시아의 개혁과 율법책 성서의 기록에 따르면 대제사장이 예루살렘 성전에서 율법책이라는 두루마리를 발견한 것은 요시아 왕이 통치 18년(BC 621년)을 도달할 때였다.[34] 율법책은 야웨 이외의 어떤 신에게도 예배를 금지했고, 예루살렘을 유일한 제사장소로 선언했고, 야웨가 용납할 수 있는 예배 방식에 대해서 따로 규정하고 있었다. 요시아 왕은 새로 찾아낸 규정을 곧장 실행에 옮겼다. 율법책이 공개적으로 낭독되고, 국왕은 스스로를 위해서 그리고 백성을 대표해서 자신과 국가가 그 율법을 실천하겠다고 약속했다. 율법책을 채택한 것은 지극히 중요한 행동이었다.[35] 일신교와 야웨에 대한 예언자들의 견해가 승리했다는 것을 뜻했다. 예루살렘에 예배가 집중됨으로써 통제 역시 가능해졌다.

원시 야웨 신앙 초기 히브리 신앙에서 야웨는 인간의 특징을 지닌 채 인간처럼 행동하는 것으로 묘사되었다. 야웨를 예배하는 데 이미지들이 활용되었고,[36] 신성한 제비뽑기를 통해서 그의 뜻을 확인했다.[37] 야웨는 모세를 죽이려고 한다.[38] 지시를 따르지 않으면 사람은 물론 짐승에게까지[39] 예외 없이 전제적이고 무자비하다. 의식과 제의의 아주 작은 부분까지 관심의 대상이다. 정교한 의식, 인간의 희생제사도 배제되지 않은 화려하고 값비싼 제물을 통해서 그의 분노를 피하고 은총을 획득하고 지속한다.[40] 이 초기 단계의 흔적들 가운데는 놀랍게도 그리스, 로마 그리고 기타 국가에서 섬기던 신들의 전기를 물들였던 강력한 불멸성과 야웨의 관련성을 전혀 확인할 수 없다.[41] 야웨에 대한 이런 원시적인 비윤리적 사상이 점차 예언자의 사상으로 발전했다.

예언자의 야웨 사상 예언자들의 야웨는 사람과 짐승[42]의 보호자이며 자비와 은혜의 신이다. 그는 사랑과 용서를 베풀고 모든 인류의 아버지라는 것을 포기하지 않는다.[43] 야웨가 보편적 아버지이기 때문에 모두가 형제이고, 그런 이유로 서로가 형제로서의 의무를 감당해야 할 책임을 갖게 된다. 그는 유일한 신이라서 나머지 다른 신들은 존재할 수 없다. 그는 이스라엘은 물론 아시리아를 비롯한 모든 국가들의 신이다. 우주의 도덕적 지배자이다. 그는 완벽하고 절대적인 공의의 신이다(아모스). 그의 자비는 공의를 의지한다. 그는 예배자들에게 의식이나 제물이 아니라 공의, 즉 야웨에게 성별되고 그의 도덕적 특징을 반영해서 용납될 수 있는 순수하고 거룩한 삶을 요구한다.

이런 후기 사상을 발생시킨 요인들은 적지 않다. 일부는 주변 민족들의 관능적인 예배에 대한 반발, 또 일부는 히브리인들이 주로 영적 삶을 심화시키는 과정에서 접촉했던 타종교들의 장점을 빌려온 데 따른 것이다. 취약한 국력과 오래 지속된 외국 열강의 지배가 중요한 역할을 했다. 사울의 일곱 아들을 목매달자 분노를 거두는

초기의 냉혹한 야웨와 이사야가 묘사한 야웨 사이에는 복종과 박해
와 고난, 그리고 예언자들의 원숙한 종교적 재능이 발휘되던 시대들
이 자리잡고 있다.

1. BC 586년 이전의 모든 연대는 개략적인 시기로 간주해야 한다.
   다음의 주 4와 5를 볼 것.

2. 포로기가 BC516년의 제2차 성전봉헌까지 이어진 것으로 간주할
   경우에는(대부분의 주장처럼) 70년이 된다.

3. A. Edersheim, In the Days of Christ, 3장, 118a; Martin Seidel,
   In the Time of Jesus, pp. 122d-123a.

4. BC 1230년은 여러 저자들이 개략적으로 결정한 연대이다.
   F. Hommel, The Civilization of the East, p. 80; James Frederick
   McCurdy, History, Prophecy and the Monuments, I, 225, sec.
   183은 BC 1160년을 제시한다.

5. 각주 1을 볼 것. 역사가들의 견해가 얼마나 다양한지는 H. P. Smith,
   Old Testament History, pp. 499ff와 H. Graetz, History of the
   Jews, 6장 p. 90ff의 도표들에 실린 연대를 비교해보면 알 수 있다.

6. 722년은 일반적으로 따르는 연대이다. 723년은 A. T. Olmstead,
   Western Asia in the Days of Sargon of Assyria, p. 45와 각주 9에
   소개된 주장들을 통해서 충분히 입증될 수 있을 것으로 보인다.

7. 히브리인들의 전체 역사에 따르면 부모는 여전히 자녀의 일차적인
   교사였고, 가정은 사회 및 기본적인 교육 기관이었다. 여기서의 목적
   은 두드러진 특징을 제시하는 것이라서 부모와 가정은 생략했다.

8. H. P. Smith, Old Testament History, pp. 73-86 볼 것.

9. Chas. F. Kent, Biblical Geography and History, pp. 87-146은 침
   입과 정착을 간략하면서도 확실하게 역사적으로 검토한다.

10. Ismar J. Peritz, Old Testament History, p. 114.

11. Ibid., p. 18, p. 117.

12. H. P. Smith, Old Testament History, p. 88.

13. Ibid., p. 16.

14. Ibid., p. 121.

15. 왕조의 등장까지 히브리인의 역사에 관한 학자들의 결론을 간단
    하지만 탁월하게 요약한 George Aaron Barton, A Sketch of
    Semitic Origins, pp. 270d-275b를 참고할 것.

16. H. P. Smith, Old Testament History, pp. 129-130.

17. Ibid., p. 133.

18. Ibid., pp. 142-143.

19. Ibid., p. 137.

20. Ibid., p. 157.

21. Ibid., p. 158.

22. 물론 사마리아는 오랫동안 이스라엘의 수도였다.

23. 일부 저자들은 히브리인들이 하나님을 보편적 아버지로 간주하는 사상을 발전시켰는지의 여부에 의문을 제기한다. 그런 저자들은 자비한 보편적 통치자가 고대 히브리 사상의 정점을 상징한다고 주장한다. 내가 보기에 그것을 가리키는 구절은 열왕기상 8장 41절-43절, 요나 3장 10절-11절이고, 예언자들의 다양한 교훈들 역시 여기서 추종하는 방향의 충분한 근거가 된다.

24. 매사추세츠 주는 21,619km^2이다(이 면적을 우리나라와 비교하면 대략 경기도와 강원도를 합한 정도에 해당한다-옮긴이).

25. 이후부터 종교와 도덕에 대한 논의는 토착기와 포로기 이후까지를 포함한다.

26. Owen C. Whitehouse, "Hebrew Religion," Enc. Brit., 11th ed., XIII, 177 c-d.

27. F. B. Jevons, Introduction to the History of Religion, pp. 382ff 는 다신교의 기원에 찬성하는 주장들을 훌륭하게 요약하고 나서 계속해서 반증을 제시한다.

28. 와이트하우스는 단일신교와 다신교를 함께 수용한다(주 26에 소개된 참고문헌을 볼 것).

29. Owen C. Whitehouse, "Hebrew Religion," Enc. Brit., 11th ed., XIII, 177a.

30. 야웨가 히브리인들의 민족 신으로 바뀌게 된 과정에 관한 다른 모든 견해와 이 와이트하우스의 주장이 분명히 가설이라는 것을 염두에 두어야 한다. 전반적으로 상반된 견해, 즉 정치적인 연합 때문에 야웨가 부족 공통의 신이라는 개념이 등장했다는 주장이 오랫동안 계속되었다. 물론, 그런 견해는 와이트하우스가 주장한 과정

을 뒤집는다.

31. Owen C. Whitehouse, "Hebrew Religion," Enc. Brit., 11th ed.,
    XIII, 179 d.

32. Ibid., p. 180a; 예레미야 2장 19절-20절; 호세아 4장 13절-14절

33. 출애굽기 15장 11절

34. 신명기 12장-19장, 그리고 26장-28장으로 간주되고 있다.

35. H. Graetz, History of the Jews, 1장, pp. 292-293.

36. 사사기 16장과 18장

37. Ibid.

38. 출애굽기 9장 24절

39. Ibid., 19장 12절-13절

40. C. G. Montefiore, "Origin and Growth of the Religion of the
    Ancient Hebrews," Hibbert Lectures, 1892, p. 40.

41. Ibid., pp. 37-40.

42. 요나 9장 11절

43. 주 23 볼 것.

44. 사무엘하 21장 1절-11절

토착기와 포로기 이전 시대의 교육

토착기와 포로기 이전 시대의 교육

"그 아이들이 장성하매에서는 익숙한 사냥꾼이었으므로 들사람이 되고 야곱은 조용한 사람이었으므로 장막에 거주하니"-창세기 25장 27절

"총각들과 처녀들은 경쟁적으로 아름다운 노래를 익혔다.…목자와 사냥꾼은 저녁에 휴식을 취하면서…피리에 맞춰서 노래했다."-헤르조그, 「백과사전」, 2판, 5권 초록, pp. 672ff.

·
·

대부분의 사람들에게 있어서 토착기(포로기 이전 시대)는 학교가 부재하던 시기였다. 부족과 가정이 대표적인 교육기관이었다. 개인의 생활에서는 부모와 친척은 아동의 거의 유일한 교사들이었다.

이 시기에 제사장과 예언자라는 두 계급이 등장해서 공적 교사로서 무엇보다 중요한 역할을 담당했고, 그들의 지도에 따라서 구어와 문어로 이루어진 국가적 문헌이라는 풍요로운 유산이 생겨났다.

그 시대가 끝나갈 무렵에 국가적으로 "율법 책"이 채택되었다. 이것은 포로기 이후 시대에 히브리인들을 책과 학교의 사람들로 만드는 운동을 시작하는 데 있어서 가장 뚜렷한 발걸음이었다.

| 사회 및 종교적 특징들 |

　포로기 이전 시대의 기간을 확인하는 것은 개략적으로도 불가능하다. 정복부터 포로기까지 5세기를 넘기지만 정복시대를 거슬러 올라가면 기록되지 않은 유목생활 시대로 이어진다. 토착기(혹은 포로기 이전 시대)는 유목생활로부터 성벽이 있는 도시에서 생활하는 사람들의 그것으로의 전환과 직업, 장사 및 무역을 추구하는 일과 관련된 산업, 정치, 사회, 도덕, 종교, 지성과 교육의 변화를 모두 포괄한다. 종교적으로나 도덕적, 그리고 지적으로 놀라운 진보를 이룩한 시기였다.[1] 사건을 기록하려고 돌무더기를 세우는, 책과 무관한 사람들에게서 시작된 그 시대는 국민의 책이 되어야 할 운명의 문서화된 법전[2]을 공개적으로 채택하는 것으로 끝난다. 유대교의 토대는 그렇게 놓여졌다. 유대인을 "책의 사람들"로 만들려는 힘이 이미 작용하고 있었다.

　남성의 이중적 이상　포로기 이전 시대 남성의 이상은 두 가지, 즉 계략과 영리함을 갖추고 힘과 용기를 기르는 것이었다. 영리한 사람의 전형은 세심한 목자와 농부, 능숙한 장사꾼, 안목을 갖춘 의로운 재판관, 계략이 뛰어난 전사였다. 힘과 용기 있는 사람은 튼튼하고 대담한 사냥꾼과 군인이 대표적이었다. 성서에 등장하는 족장들의 생활은 분명히 상당 부분 이상적으로 묘사되었다고 하더라도 야곱의 성품은 이런 통속적인 이상의 한 측면, 즉 계략과 영리함을 확실하고 강력하게 구체화했다고 볼 수 있다. 그는 필요할 경우에는 교활히고 부정직하면시도 자신의 종교적 유산은 소중하게 산주하면서 온갖 역경을 계략으로 이겨냈다. 이상적인 신체를 소유한 대표자들은 초창기의 일화나 전설에서 다양하게 만날 수 있다. 예컨대, 입다와 기타 부족의 영웅들이나 "사사들," 다른 사람보다 어깨 위만큼 더 컸던 사울, 1천 명을 살해한 다윗이 거기에 해당한다.

| 교육적 특징들 |

포로기 이전 시대의 교육적 특징은 나중에 교육의 내용과 제도를 검토하는 과정에서 드러난다. 따라서 지금은 일반적인 특징들을 몇 가지만 간단하게 진술하는 것으로 국한한다.

제도·내용·방법　　토착기에는 학교가 존재하지 않았다. 처음에는 부족, 이어서 가족이 교육을 수행한 대표적인 사회 조직이었다. 제사장(코하님, kohanim)이나 예언자(느비임, nebiim) 공동체가 등장해서 이런 조직의 구성원들에게 어떤 식으로든지 특별한 훈련을 제공한 게 분명했지만, 대부분의 사람들에게는 학교가 존재하지 않았다. 교육은 주로 성별에 따른 일상생활의 실제 임무를 훈련하는 것이었다. 이런 훈련은 초기 사회의 사람들처럼 실제로 참여하는 게 대부분이었고, 가르침은 일부에 지나지 않았다. 신체운동, 춤[3] 그리고 음악이 더 일반적으로 강조되었다는 것을 고려하면 몇 가지 측면에서 교육은 나중보다 훨씬 광범위했다. 천막, 집회, 성전, 종교 및 일반 축제는 부족이나 가족의 풍습과 직업을 통해서 주어지던 훈련을 보충했다.

교육은 편의상 두 가지 측면에서 검토할 수 있다. (1) 부족과 가정에서의 교육, 그리고 (2) 가정 이외의 교육. 포로기 이후 시대와 비교하면 가정을 교육기관으로 간주하는 것은 유보적일 수 있다. 토착기의 상황에 대한 우리의 지식이 빈약하고 확실하지 않기 때문이다. 이 장에서는 부족과 가정에서의 교육과 관련된 간단한 질문들, 즉 누가 배웠고, 누가 가르쳤고 무엇을 가르쳤는지를 살펴볼 것이다.

| 부족과 가정에서의 소년 교육⁴⁾ |

초기 토착기에는 동일한 성을 가진 부족의 구성원 전체가 실제로 동일한 훈련을 받았다. 장차 후계자가 될 장남은 종교나 부족의 의식, 제도와 법률에 대해서 어느 정도 특별한 훈련을 받았을 수도 있다. 이 견해는 하인리히 그래츠(H. Graetz)가 지지한다. "오래된 족장시대부터(제사장직과) 더불어서 모든 가정의 장남이 희생의식의 진행에 반드시 참석해야 하는 관습이 존재했다. 이 특권은 갑자기 사라질 수 없었고, 그래서 레위지파의 제사장직과 더불어서 한동안 지속되었다."⁵⁾

제사장과 예언자들이 별개의 계급으로 등장함으로써 특별한 훈련을 필요로 하는 두 개의 조직이 생겨나게 되었다.

교사 부족 중심으로 활동하던 시기의 아동 교육은 부모나 부족의 성인 구성원들의 손에 달려 있었다. 가나안에 정착하면서 가족이 기본적인 사회 단위로 바뀌었고 아동의 훈련과 지도는 거의 전적으로 부모의 책임이 되었다. 하지만 경우에 따라서는 부모가 자녀의 양육을 남에게 위임하기도 했다. 성서에는 "양육하는 아버지"⁶⁾와

"유모"[7]가 등장한다. 룻의 아이는 나오미가 길렀다.[8] 요나단의 다섯 살 배기 아들은 유모가 담당했고,[9] 그리고 아합의 아들 70명은 사마리아의 위대한 사람들이 교육했다.[10]

교육기간 히브리인들은 처음부터 당시 다른 사람들과 마찬가지로 의식적으로든, 아니면 무의식적으로든지 아동기라는 특정 시기를 인정해서 그에 따른 훈련과 지도를 실시한 게 분명하다. 그런 시기를 확실하게 인정한 것은 포로기 이후에 확실하게 드러나는데, 다음 장에서 살펴본다. 여기서는 단계를 바탕으로 아동의 활동과 작업, 그리고 훈련을 제시하지 않는다. 자료가 부족하기 때문에 개괄적인 서술만으로도 충분하다.

| 교육내용 |

직업과 신체 훈련 아동 초기에는 놀이가, 그리고 아동 후기와 청소년기에는 일, 실제 직업 그리고 무기를 구사하는 훈련이 신체의 발달과 훈련을 담보하는 활동이었다. 유목시대와 가나안 정착 이후 상당한 기간에 주민 모두가 목자와 전사, 그리고 사냥꾼을 선호했다. 가나안에 정착하고 난 뒤에 이런 직업에 농업과 건축 및 기타 무역과 공예기술이 추가되었다.

군주제가 출범하고 도시가 발전함에 따라서 무역과 공예기술이 아주 다양하게 발전했다. 이제 다음과 같은 기술과 직업이 대표적으로 주목을 받게 되었다. (1) 농업, (2) 가축의 사육, (3) 어업, (4) 채광, (5) 건축, (6) 목수와 목재생산, (7) 금속공예, (8) 실잣기, (9) 직조,

⑽ 염색, ⑾ 제혁, ⑿ 천막제조, ⒀ 도예, ⒁ 무역과 공예기술에 필요한 도구의 생산.

기구와 과정은 단순했다. 그럼에도 불구하고 직업마다 예외 없이 힘과 손기술의 가치를 높이 샀다. 소년은 천막에서, 행진 중에, 목초지에서, 가게나 시장터에서 아버지나 친지의 지도를 받아가면서 동년배들에게 맡겨진 임무를 수행하는 법을 익혔다.[11]

군사훈련 사회적 조건이 모든 소년들로 하여금 직업훈련을 받지 않을 수 없게 만들었듯이 정치적으로 소란한 상황 때문에 성인 남성들은 무장을 요구하는 부름에는 누구나 지체하지 않고 응답할 준비를 해야 했다. 따라서 모든 소년들이 무기 활용법을 익혔을 것이다. 전쟁 준비는 물매, 활과 화살, 검, 방패와 창의 사용법을 훈련하는 게 대부분이었다. 나중에는 경우에 따라서 말 타기와 전차의 운전을 가르친 것으로 보인다. 성서의 내용 가운데는 장기간 꾸준한 연습과 훈련을 거치지 않으면 획득할 수 없는 기술을 소개하는 기록이 적지 않다. 다윗이 물매를 사용한 기술[12]은 누구나 알고 있던 것이다. 사사기의 구체적인 내용을 인용하면 이렇다. "이 모든 백성 중에서 택한 칠백 명은 다 왼손잡이라 물매로 돌을 던지면 조금도 틀림이 없는 자들이더라"[13]

경기와 시합 공놀이와 높이뛰기, 달리기와 활쏘기 시합이 이 시기의 삶 속에 일정한 자리를 차지했었다는 내용이 도처에 소개되어 있다. "공같이 광막한 곳에 던질 것이라"[14] "내가 과녁을 쏘려함 같이 화살 셋을 그 바위 곁에 쏘고"[15] "활을 당겨 나를 화살의 과녁으로 삼으심이여"[16] "그의 길을 달리기 기뻐하는 장사 같아서"[17]

음악·춤 "젊은 남녀는 경쟁적으로 아름다운 노래를 익혔고, 그리고 마을의 축제모임과 부족들의 훨씬 더 수준 높은 집회를 통해서 힘을 얻었다. 실로의 처녀들은 해마다 노래하고 춤을 추면서 포도원으로 갔다.[18] 그리고 길르앗 처녀들은 입다의 딸에 얽힌 슬픈 이야기를 반복했다.[19] 소년들은 다윗이 요나단을 애도한 노래를 익혔고,[20] 목자와 사냥꾼은 저녁에 광야의 샘 옆에서 휴식을 취하면서 피리에 맞춰서 노래 불렀다."[21]

다윗이 야웨 앞에서 춤을 췄다는 사실,[22] 그리고 다른 사례를 참고하면 춤이 본래 애국적인 축제의 경험일 뿐 아니라 종교적이었다는 것을 알 수 있다.[23] 어쩌면 노래와 극적인 몸짓이 결합된 게 춤이었을지 모른다. 히브리 젊은이들은 종종 수금에 맞춰서 노래하거나 다른 노래를 부를 때 수금을 탔다.[24] 어떤 가정에서나 전체를 위한 특별한 축제를 준비할 경우에는 춤이나 노래, 수금이나 피리의 연주를 체계적으로 지도할 수 있는 어떤 준비가 되어 있었을 것이다. 하지만 음악이나 춤은 특별한 지도를 받지 않은 채 익혔다. 아동은 지켜보고, 흉내 내고, 그리고 가끔은 실제로 참여하면서 그것들을 습득했다. 세대마다 아동이 민요, 시가, 장송곡, 애국적인 노래, 찬송과 기도를 익히는 것은 대부분 비형식적인 방법을 통해서였다.

구비문학　토착기의 문학 역사는 이렇게 구분된다. (1) 구두전승 시대, 또는 노래 및 이야기 시대, (2) 기록문학 시대. 창세기 31장 44-52절과 여호수아 4장 같은 본문들은 읽기와 쓰기 기술이 보급되기 이전까지는 중대한 사건이 벌어진 장소를 상징하려고 돌무더기를 쌓고 나서 그것과 관계된 일화를 세대에서 세대로 구두로 전달하는 게 관례였다는 사실을 가리키는 것처럼 보인다. 법률, 전통, 신화, 노래, 수수께끼, 우화, 격언 그리고 기도는 글로 기록되기에 앞서 오랫동안 구두로 전해졌다.

　"이스라엘의 다양한 전통이 사람들의 정신 안에 단순하게 기록되려면 오랜 세월동안 지속된 게 분명했다. 오늘날 아랍인 유목민들이 그렇듯이 그들은 모닥불 옆에서 긴 밤을 보내면서 이야기를 들었다. 느리게 움직이는 가축 떼를 목자들이 지켜보면서, 아니면 은밀한 여성의 공간(하렘harem)이나 처녀들이 물을 길러 가는 우물에서, 그것도 아니면 결혼잔치나 종교 축제에서도 그랬다. 현대 팔레스타인 마을마다 그렇듯이 사람들이 여가를 즐기러 한자리에 모일 때마다 몸짓과 행동으로 온갖 이야기를 암송하는 전문적인 이야기꾼이 존재했을 것이다. 이야기는 사람들의 상상력을 강하게 파고들었다. 연애, 음모, 그리고 조상들의 공적을 듣거나 가장 중요하게 생각하는 문제(즉, 인간과 세계의 기원이나 인종과 언어의 차이에 관한 궁금증)에 대한 해답을 얻었다. 부족의 경험을 구현한 다른 전통들은 아버지로부터 자식에게 신성하게 전달되었다. 또 다른 대규모 집단은 전국에 산재한 여러 지역의 성소에서 떠받들어졌다. 예배자들이 산당으로 순례할 때마다 역사와 의식과 관련된 전통들의 특별한 주기가 거론되거나 회상되었고, 그 덕분에 군중의 기억에 선명하게 유지되었다."[25] "과거 세대들의 사상과 믿음, 바람과 경험은 대중적 전통들이라는 생생하고 구체적인 형식으로 전달되었다. 이것을 가능하게 만든 다양한 동기와 영향은 놀라울 정도였다. 일부는 처음에 그저 재미삼아서, 그리고 나머지는 애국심을 일깨우고 불붙이고, 의식을 통해 가르치고, 그리고 진정한 신앙과 행위를 고취하기 위함이었다. 그것들은 인간 경험의 거의 모든 차원을 자극하고, 그리고 탁월한 방식으로 인간의 다양한 욕구에 부응한다."[26]

기록 문학-정경의 특징과 진화 제사장, 예언자 그리고 서기관 덕분에 일괄적인 기록 문학이 등장하기 시작했다. 시대마다 나름의 기록 작품이나 두루마리가 생산되었다. 이런 문헌 군으로부터 정경, 즉 신적 권위가 확증된 것으로 인정받은 일종의 목록이 출현했다. 성장하는 세대는 그렇게 만들어진 작품의 본문을 한 가지 이상 공부했다. 마침내 결정된 정경은 대표적인 세 가지 부분들로 구성되었다. (1) 율법서, (2) 예언서, (3) 성문서가 그것들이다. 정경의 첫째 부분인 율법서[27]는 BC 5세기에 에스라와 느헤미야[28]의 영향으로 구성되었고 공식적으로 채택되었다. 둘째 부분인 예언서는[29] BC 3세기 이전까지 완성되지 않은 것 같다.[30] 셋째 부분인 성문서[31]는 얌니아(Jamnia)의 랍비 회의에서 당시까지 논란거리였던 전도서와 아가서의 정경성을 인정하기로 결정한 바 있는 118년에 종결되었다.[32] 이런 자료를 참고하면 다음의 사실이 분명해진다. (1) 정경은 2세기에 최종적으로 결정되었다. (2) 히브리인들은 적어도 포로기 이후 3백년 간 상당한 양의 기록 문학을 보유했다.

읽기와 쓰기 3R이 교육의 핵심적인 부분으로 간주될 정도로 아주 일반적으로 활용되기 시작한 것은 언제였을까? 히브리인들이 팔레스타인의 정복과 정착기에 가나안의 읽기와 쓰기, 그리고 도량형 제도를 채택했다는 게 일반적인 의견이다.[33] 그렇다고 해서 이것이 읽기와 쓰기와 셈하기에 대한 지식이 그 시기에 일반화되었다거나 과거 체계의 존재와 활용을 배제하는 증거가 되지는 못한다.[34] "엘리야와…동시대 사람이 세운 디본(Dibon)의 메사(Mesa) 석비는 이스라엘에 오랫동안 쓰기 기술이 존재했다는 것을 입증할 정도로 필기체의 특징을 확실하고 완벽하게 보여준다."[35]

종교 및 관료 집단의 글쓰기 쓰기를 처음으로 광범위하게 활용한 계급은 아마 제사장, 서기관 그리고 궁중의 관리였을 것이다. 이 네 개의 계급 가운데 가장 오래된 제사장들이 최초로 쓰기를 구사한 게 분명했고, 정복 이전에는 특정 지파들이 채택했을지 모른다. 왕조가 출범하면서 앞서 거론한 세 개의 계급이 출현했는데, 각각 3R을 무엇보다 소중한 자산으로 간주했다. 나중에 예언자들은 광범위한 저술을 남겼다.[36] 왕조의 출범 덕분에 궁중의 업무에 대한 문서화된 기록의 필요성이 제기되었다. 동맹, 조약, 국왕의 칙령, 전쟁터를 비운 장수들에게 내린 국왕의 지시, 국왕의 업적을 기록한 연대기를 비롯한 모든 것들이 궁중의 비서관이나 서기관에게 충분한 기회를 허락했다. "다윗 시대 이후로 기록자와 서기관이 궁중의 관료로 간주된다."[37] 일부 귀족들이 읽고 쓸 수 있었다는 것은 다윗이 자신의 장수 요압에게 편지를 보내고 이세벨이 아합의 이름으로 편지를 보냈다는 기록에서 드러난다.[38]

일반의 활용과 지식 토착기에 3R 지식이 얼마나 광범위했는지 가늠하기는 불가능하다. 성서에는 결정적인 증거가 되지는 않아도 읽기와 쓰기에 대한 광범위한 지식을 소개하는 대목이 다수 포함되어 있다.[39] 기드온에게 생포된 숙곳의 한 소년이 숙곳의 장로와 족장들의 명단을 적어준 것도 관계가 있다.[40] 방금 거론한 다윗과 이세벨의 경우에는 둘 다 자신들이 편지를 작성하는 대상이 글을 읽을 수 있다는 것을 당연시했다는 것을 전제로 대중 사이에서 읽기와 쓰기의 지식이 상당히 인기가 있었다는 주장으로 자주 인용된다. 그런 구절의 결정적인 증거는 없다. 다윗과 이세벨 모두 서기관을 활용했을 수도 있다. 게다가 이세벨은 외국인이었다.

    1880년에 예루살렘의 실로암 저수지와 연결된 수로에서 암벽을 끌로 파낸 명판이 발견되었다. 적어도 이사야 시대의 것이거나, 아니면 솔로몬의 통치시기에 해당할 수도 있었다.[41] 하지만 가끔씩 있는 일처럼 이 명판을 근거로 3R이 노동자 계급에서 흔히 사용되었다고 결론을 내리면 위험하다. 명판이 흘림체라는 것은 서기관이 윤곽을 잡고 석공이 새겼을 가능성을 시사한다. 게다가 윤곽을 잡은 손과 새긴 손이 동일하다고 해도 그 작업은 붙잡혀서 노예로 전락한 고도로 교육을 받은 전쟁포로의 작품일 수 있다. 그럼에도 불구하고 그 당시에 상당한 수준의 읽기 능력을 갖춘 대중이 존재하지 않았다면 명판은 결코 제작되지 못했을 것이다.

    모든 사람에게[42] 알릴 목적으로 율법을 기록한 게 읽기와 쓰기 교육에 대한 광범위한 요구의 출발점이었을지 모른다고 가정하는 게 무난하다는 결론을 내릴 수 있다. 무역이 일반 생활의 핵심 요소가 되자마자[43] 계산, 돈, 무게와 척도로 구성된 일군의 지식이 발전했을 것이다. 어떤 형태든지 대중을 위한 학교가 존재하지 않을 때 아동은 가정에서 부모나 개인 교사들로부터 3R을 교육받은 게 분명했다.

    종교 종교 및 도덕교육을[44] 기타 활동 분야에서 훈련이나 가르침과 분리해서 다룰 수 없다는 것은 이 책의 앞부분에서 이미 확인되었다.[45] 춤이 본디 축제는 물론이고 종교적 행위였다는 사실을 지적한 바 있다. 오랫동안 오로지 구두 형식으로만 존재했던 대규모 문헌들은 성격상 종교적이고 도덕적이었다. 이 초창기에 종교는 포로기 이후 오랫동안 그랬듯이 삶을 지배하지는 못했더라도 직접적으로 관계되지 않은 삶의 국면이나 활동 분야가 없었을 정도였다.

가족이나 부족의 회합, 양털 깎기, 추수를 위한 모임, 아기의 출생, 출전, 승리 혹은 패배, 계절과 달의 변화는 모두 종교의식을 위한 기회가 되었다. 그런 의식을 지켜보고, 준비를 돕고, 그리고 부모나 장로들이 적절하다고 간주하는 설명을 들음으로써 아동은 종교적 훈련과 교육을 함께 받았다.

　　도덕　히브리인들 역시 어느 민족이든지 도덕 수준은 산업, 사회 그리고 정치의 조건에 근거한다는 일반적인 법칙을 벗어나지 않는다. 사방이 강력한 적이고, 계속해서 군사적 대비 상태에서 살아가지 않을 수 없었던 그들이 가장 중시한 덕목들은 용기, 그리고 친족과 국가의 신에 대한 충성심, 권위자와 가족과 부족과 국가에 대한 절대적이고 맹목적인 복종, 친척에 대한 친절, 힘없는 여행자에 대한 호의, 원수에 대한 무자비함이었다. 고대의 여러 히브리 격언들이 덕목을 심어주기 위해서 아주 일찍부터 인식의 대상이 활용되었다는 것을 시사하고 있음에도 불구하고, 대부분의 도덕교육은 교육보다는 훈련의 문제였다. 소년과 소녀는 거주지나 밭에서 일할 때 부지런하도록, 용기와 충성심이 요구되는 구체적인 상황에 직면하면 용기를 갖고 충성하도록, 그리고 복종을 통해서 복종하도록 배웠다. 그런 훈련은 조상이나 부족, 그리고 민족의 영웅이 보여준 행위와 덕목을 소개하는 이야기, 전설 그리고 전통을 통해서 더 강화되었다.

| 가정 이외의 소년 교육 |

교육제도

아동은 인생의 아주 초기 단계부터 자신의 사고와 행동을 자극하고 안내하는 공동체, 부족 혹은 민족의 다양한 제도, 관습, 축제와 활동을 의식하기 시작하고, 그리고 나중에는 접촉하기 시작했다.[46] 이것들 가운데 가장 중요한 것은 일반 축제,[47] 전쟁, 사냥, 원정, 재판정이나 장소 그리고 성전이었다.

성전　토착기 내내 이스라엘의 영토에는 제사장 집단이 관리하는 다수의 산당과 성전이 곳곳에 흩어져 있었다. 그런 성전은 예외 없이 다양한 기능을 수행했다. 예배처 구실 이외에도 종교법과 의식을 교육하는 곳이었다.[48] 모든 상징과 의식이 종교심을 자극했고 신앙, 법, 전통 혹은 개념 가운데 일부를 강력하게 가르쳤다. 솔로몬 성전의 건립(BC 963년에 봉헌)은 종교적으로 중요할 뿐 아니라 교육적으로도 아주 의미 있는 사건이었다. 예배와 제사장은 광범위하게 교육적인 영향력을 틀림없이 발휘했을 것이다. 우리는 바룩[49]에 대한 일화 덕분에 예레미야 당시에 성전 뜰이 대중교육의 장소로 이용되었다는 것을 알고 있다. 예레미야 시대보다 훨씬 더 오래된 게 분명한 이 관습은 예수 시대에도 여전히 고수되었다.

교육집단

포로기 이후에 서기관들의 지위가 상승하게 된 것은 히브리인들 사이에서 가르치는 직업이 부각되기 시작했기 때문이라고 할 수 있다. 그렇다고 해서 토착기에 교육으로 충분히 간주할 수 있는 일정한 특징을 소유한 계층이 부재한 것은 결코 아니었다.

레위인과 제사장 제사장이나 예언자를 교사로 표기하면 착각일 뿐 아니라 오해를 낳을 수 있다. 전자는 본래부터 야웨의 성전을 섬기고 지켰고, 그리고 후자는 처음부터 설교자였다. 그들은 자신들이 속한 집단의 구성원이나 입문자를 훈련하고 교육하는 것 이외에 흔히 교사라는 용어가 의미하는 행동을 했다고 해도 흔하지 않았을 것이다. 실제로 그들은 대중을 위해 학교나 학급을 운영하지 않았다. 하지만 봉헌과 관계된 일을 수행할 경우에는 진정한 의미에서 종교와 도덕의식을 촉진하거나 인도했고, 그리고 내용이나 여러 표현방식으로 그것을 제공했다. 한 마디로 그것을 교육했다고 할 수 있다. 따라서 고대 히브리 교육을 간단하게 설명하는 과정에서 이 두 집단의 가르침이나 교육사역 가운데 일부를 배제하는 것은 불가능하다.

기원 히브리 제사장직의 기원은 분명하게 밝혀져 있지 않다. 유목시절과 가나안 정착 이후 일정 기간 동안에 한 가족의 가장이 제사장 구실을 담당했다.[50] 사사기 17장은 이미 "사사"의 시대에 레위인들이 야웨의 은혜를 아주 효과적으로 획득하는 업무를 맡은 제사장 계급이나 지파로 간주했지만,[51] 미가 시대 이전까지 얼마나 오랫동안 제사장 계급이 확실하게 분류되었는지 제대로 서술하는 것은 불가능하다. 초창기에는 제사장들과 레위인들을 따로 구분하지 않았지만 야웨의 성소에서 일하는 이들을 레위인이라고 불렀다.[52] 요시아의 개혁(BC 621년)은 나중에 아주 확실한 구분이 이뤄진 데 따른 결과였을지 모른다. 특히 이런 개혁들 덕분에 예루살렘 이외 지역에서 산당을 책임진 레위인들이 수도로 유입되어 국가가 운영하는 성전에 배치된 게 분명했다. 왕이 관여하는 성소를 이미 책임진 제사장 계급이 그 신참들에게 수준이 더 떨어지는 성전 업무를 맡기고 당시 전국적인 제사장의 지위 가운데 낮은 자리에 배치한 채자신들의 계급과 업무를 한층 더 우월하고 중요하게 간주했으리라는 것은 충분히 납득할 수 있다.

　b. 교사로서의 기능과 역할　초기 제사장직의 가장 중요한 기능은 야웨의 산당을 보호하고 관리하고 제비를 뽑고, 그리고 가르치는 일이었다. 켄트(Charles Kent)는 신명기 33장 10절("주의 법도를 야곱에게…가르치며")과 다른 구절들을 바탕으로 초창기 제사장들이 재판관의 역할을 담당했을 뿐 아니라 그들이 교육적으로 가장 중요한 역할을 전반적으로 수행할 수 있었던 것은 이런 역할들을 수행했기 때문이라고 주장한다.[53] 사무엘상 4장 18절을 읽어보면 엘리는 40년간 재판관("사사")으로 지냈다. 하지만 금기를 넘어선 일부 의례와 관련된 사례를 제외하고는 이런 재판관으로서의 역할을 제사장에게 부여하는 것에는 반대 의견이 많다. 그리고 일반적인 의미에서 제사장들이 재판관 구실을 한 것을 부정하고, 그들의 판결이나 사회적, 정치적, 도덕적 및 종교적 교훈이라는 방식을 빌어서 간접적이지만 강력하게 제시된 그들의 활동을 배제해도 가르치는 역할을 담당한 것으로 보이는 활동들은 여전히 적지 않다. 그들은 점을 치거나 제비뽑기 같은 일부 다른 방법을 활용해서 찾아낸 야웨의 뜻을 제시함으로써 야웨의 생각을 구체화하고 보급했다. 그들은 극화된 종교와 역사의 교훈과 다르지 않은 다수의 공적 축제를 조직하고 지휘했다. 사적으로는 축제를 계기로 개인들, 그리고 공적으로는 성전이나 공개된 곳에 모인 대중들에게 예배의 형식을 가르쳤다. 그

들은 율법, 제의, 의식, 신화 그리고 역사를 수집하고 전달(처음에는 구두로, 그리고 나중에는 문서로)했다(말라기 7장 참조). 그들은 문헌을 수집하고 편집하고 전달했다. 그들은 그것들 대부분을 쉽게 접하고 기억해서 사람들을 가르칠 수 있게 형식화했다. 이런 문서화 작업 덕분에 지금껏 여전히 종교와 도덕적 교훈에 있어서는 세계적으로 무엇에도 뒤떨어지지 않는, 위대한 문헌집을 편찬하기 시작했다. 그들이 속한 사회는 교육에 전적으로 집중한 것은 아니었지만, 어떤 계급(제사장)에 필요한 명확하면서도 특별한 교훈을 제공한 고대 이스라엘에서 최초로 조직화된 집단이었다.[54]

예언자 또는 연설가-교사: a. 기원 아버지의 나귀를 찾지 못한 사울은 오늘날의 점쟁이나 신통력을 지닌 사람과 아주 흡사한 예언자를 의지했다.[55] 사무엘 시대 훨씬 전부터 예언자(히브리어로 로에roeh)와 점쟁이(히브리어 코셈kosem)는 여러 부족에 거주한 게 분명했다. 그런 사람들은 신의 뜻을 확인하거나 신적 능력으로 의사소통하는 비범한 능력을 소유한 것으로 간주되었다. 예언하는 제사장이나 코셈, 그리고 어쩌면 로에까지도 대부분 객관적인 물리적 현상의 관찰을 근거로 의견을 제시했다. 예언자(히브리어 단수는 나비nabi, 복수는 네빔nebiim)는 이전의 로에가 지속적으로 발전하는 과정에서 등장했을 가능성이 있다.[56] "예언자들의 표시나 상징적 행위들은 공감주술(sympathetic magic)의 행위에서 비롯되었다."는 것도 충분히 가능한 일이다.[57] 하지만 그렇다고 하더라도 "예언자의 기능은 점차 정신적인 것으로 바뀌었고, 단순히 전통적인 관례나 기계적인 기법과 무관해졌다."[58] 달리 말하자면, 나비 자신이 야웨가 말하는 주관적인 통로가 된 것이다.

b. 사회문제의 개입–특징들 히브리 예언자들은 미래를 예언하는 것에 힘쓰거나 전념하지 않았다. 그들의 중요성은 사회적인 문제에서 담당하는 분야와 관계가 있다. 그들이 이스라엘에서 공적인 지도자의 위치에 올라선 것은 왕정의 발생과 궤를 같이 한다. 사회문제의 분야에 개입하게 된 명분은 다음의 세 가지로 정리할 수 있다. (1) 궁중에서 중대한 일이나 다른 기회를 고려할 때 야웨의 뜻을 전할 수 있는 존재(seers)의 필요, (2) 종교 개혁의 필요, (3) 사회 개혁의 필요.

외부 적들의 부단한 위협과 함께 종교와 사회의 학대(가령, 우상숭배와 빈민에 대한 점증하는 억압)는 더 큰 환상에 사로잡혀서 개혁을 갈망하고, 자주 격분할 정도로 신앙과 애국심이 강력해서 행동에 나선 경건한 사내들을 함께 결집시켰다. 그런 연대는 예언자들이나 "예언자의 제자"(sons of prophets)라는 이름으로 지속되었다. 그들은 벧엘이나 길갈처럼 일부 유명한 성소 인근에서 흔히 무리를 이루어서 거주한 것 같다. 사무엘과 엘리사 같은 일부 예언자들은 그런 공동체들과 긴밀한 관계를 유지했다. 나머지는 엘리야처럼 대개 독자적으로 활동했다.

제사장들과 달리 예언자들은 평신도 직제였다. 게다가 그들은 개방적인 직제라서 예언의 영이 임한 사람은 예언을 시작할 수 있고, 예언자로 간주되었다.[59] 남성은 물론 여성 역시 구성원에 포함되었다.[60] "예언자(seer)는 개별적으로 등장한다.…예언자들의 경우에는 전혀 다르다. 그들은 무리를 형성한다. 그들의 예언은 음악, 그리고 한편으로는 춤곡을 수반하는 일종의 협력 활동이다. 행동으로 전염되는 강력한 흥분상태를 나타낼 때도 있었다."[61]

c. 문서 활동 아모스, 호세아 그리고 이사야 같은 예언자들은 대중적인 시인이자 연설가였다. 예레미야처럼 그들은 먼저 예언을 말하고 나서 그것을 기록으로 남겼다.[62] 그들의 문학작품에는 대중 연설, 구두 낭독이 아니라 대중에게 배부하려는 의도를 가진 글, 법전,[63] 역사[64] 그리고 그들의 행적에 대한 요약이 포함되었다. 그들은 시적 형식으로 발언했는데, 운율은 메시지에 가장 적합한 것을 선택했다. 말이나 글로 기록된 이런 작품들은 제자들과 미래 세대를 위한 교과서로 사용되었다.

d. 예언자 공동체의 교육 예언자 공동체에서 구성원들의 훈련과 교육을 위해서 마련한 내용이 얼마나 광범위했는지 설명하려고 시도하는 것은 헛된 일이다. 예언자들이 설립한 학교는 연장자가 주도했고, 거기서 음악과 웅변, 시와 법률 및 기타 고등 학문을 가르쳤다는 일부 작가들의 견해는 수용할 수 없다. 하지만 왕조시대의 전반적인 문화 수준과 예언자들이 읽기, 쓰기, 문한, 연설, 작곡에 대한 지식을 소유했을 것이라는 필요를 감안하면, 그와 같은 분야의 일부나 전부를 교육하는데 필요한 내용이 제공되었으리라는 가정을 반대할 충분한 이유를 찾을 수 없다. 이사야에게는 그의 발언을 받아 적고 사역을 기록으로 남긴 제자들의 무리가 있었던 게 분명하다.[65]

e. 교사로서의 사역─교육의 때와 장소 예언자들은 떠돌이 교사들이었다. 그들 각자나 사람들의 시선에서 그들은 야웨가 위임한 소식꾼들이었다. 야웨의 뜻을 알릴 수 있는 기회가 있거나, 그릇된 일에 저항하거나 의로움을 격려할 필요가 있는 경우에는 언제든지 그렇게 실천했다. "그(예언자)는 법정에서 왕과 지배자들을 마주할

때도 있었고, 어느 때는 통치자부터 일반인에게까지 호소하기도 했다. 성전의 뜰이…예언자가 가르치는 무대가 되는 경우가 자주 있었다."[66]

f. 교육방법 예언자들이 상징, 실물교육, 극적방법(dramatic method)을 광범위하게 활용한 것을 보여주는 다양한 사례를 호세아, 이사야, 예레미야, 에스겔과 기타 예언자들의 활동에서 확인할 수 있다. 바빌로니아에 반기를 든 주변 부족들과 이집트로부터 유대인들을 돌려놓고 싶어 하던 예레미야는 나무로 여러 개의 멍에를 제작했다. 그는 한 개를 직접 메고, 나머지는 외국의 사절들에게 전달했다.[67] 이사야는 히스기야 왕이 아시리아에 맞서는 이집트와 손잡지 않도록 자신의 메시지를 강조하려고 3년 동안 포로 복장을 하고 예루살렘의 거리를 맨발로 돌아다녔다. 성급함이 초래할 수 있는 포로생활을 묘사하기 위함이었다.[68]

g. 교육적 의의 고대 이스라엘의 예언자들에 필적할만한 종교적이고 도덕적인 교사 집단을 보유한 민족이 있는지 심각하게 의심하지 않을 수 없다. 그들은 대중 연설과 글을 빌어서 국가의 종교 및 사회적 이상의 창조자, 공공 정책의 비판자와 제안자, 사회적 불의에 대한 고발자, 개인 및 사회 정의의 전달자, 그리고 더할 수 없이 고상한 야웨에 대한 사상과 이스라엘이 지닌 사명의 근원이자 통로가 되었다.[69] 이런 능력을 저마다 수행하면서 그들은 대중의 교사처럼 활약했다. 국가적 위기 때마다 그들은 가까이서 비판하고, 격려하고, 위로하고 그리고 늘 가르쳤다. 그들은 이스라엘의 공적인 양심, 종교의 정신, 여론의 조성자이면서 더할 수 없이 탁월하고, 존경받고, 확신에 찬 교사들이었다.

1. 1장의 원시 야웨 신앙과 예언자의 야웨 사상을 볼 것.

2. 소위 "율법 책"은 신명기 12-19장, 그리고 26-28장으로 간주되고 있다. 1장을 볼 것.

3. 본디 종교 및 애국 운동으로 간주되던 춤은 나중에 세속적인 축제 행위의 현장으로만 국한되었다. 다음의 '음악-춤'에 관한 항목을 볼 것.

4. 소녀의 교육에 관한 논의는 6장을 볼 것.

5. H. Graetz, History of the Jews, Ⅰ, 25.

6. 민수기 11장 12절

7. 이사야 49장 23절

8. 룻기 4장 16절

9. 사무엘하 4장 4절

10. 열왕기하 10장 1절-7절

11. 이 내용을 4장의 직업교육에 관한 내용과 비교할 것.

12. 사무엘상 17장 50절

13. 사사기 20장 16절

14. 이사야 22장 18절

15. 사무엘상 20장 20절

16. 예레미야애가 3장 12절

17. 시 19편 5절

18. 사사기 21장 21절

19. Ibid., 11장 40절

20. 사무엘하 1장 19절-27절

21. 사사기 5장 11절. Herzog, Encyclopadie, 2e de., V, pp. 672 et seq.(C. A. Briggs, Introduction to the Study of Holy Scripture, p. 356에서 인용)

22. 사무엘하 6장 14절

23. 나중에는 춤을 예배의 한 가지 형식으로 인정하지 않고 세속적인 축제에 더 자주 활용하는 것으로 낮추어보게 된다.

24. 여덟 줄짜리 수금

25. C. F. Kent, Beginnings of Hebrew History, p. 13.

26. Ibid., p. 12.

27. 율법서는 창세기, 출애굽기, 레위기, 민수기, 신명기이다.

28. C. A. Briggs, Introduction to the Study of Holy Scripture, p. 120.

29. 예언서는 다음과 같다. (1) 전기 예언서: 여호수아, 사사기, 사무엘 상하, 열왕기상하, (2) 후기 예언서: 이사야, 예레미야, 에스겔, 그리

고 소예언서 12편.

30. C. A. Briggs, Introduction to the Study of Holy Scripture, p. 123.

31. 성문서에는 다음의 책들이 포함된다. (1) 시편, 잠언, 욥기, (2) 5개 의 두루마리: 아가, 룻기, 예레미야애가, 전도서, 에스더, (3) 다니 엘, 에스라, 느헤미야, 역대상하.

32. C. A. Briggs, Introduction to the Study of Holy Scripture, p. 130.

33. Ismar J. Peritz, Old Testament History, p. 118.

34. "쐐기문자가 팔레스타인 지역에서 아마 BC 10세기나 11세기까지 사용되는 동안에 북부 셈어 알파벳이 등장한다(대략 BC 850년)." S. A. Cook, "Palestine," Enc. Brit., 11th ed., XX, 608-609a.

35. Carl H. Cornill, Culture of Ancient Israel, p. 90.

36. 다음의 (예언자들의) 문서 활동에 관한 내용과 주 62를 볼 것.

37. C. F. Kent, Israel's Historical and Biographical Narratives, p. 3.

38. 사무엘하 11장 14절; 열왕기상 16장 8절

39. 신명기 6장 9절; 27장 8절; 여호수아 18장 9절

40. 사사기 8장 14절

41. A. H. Sayce, Light from Ancient Monuments, p. 5; p. 82에는 비 문의 일부가 소개되어 있다. 세이스는 발굴과정을 상세하게 소개한 다. pp. 82-86.

42. 신명기 27장 2절-3절; 여호수아 24장 25절-27절

43. 이것은 적어도 왕조 초기에 시작되었다.

44. 다양한 가정의 종교적 의식과 관습에 관한 부족하고 부정확한 정

보 때문에 종교와 도덕에 관한 가정교육을 자세하게 설명하려는 어떤 시도도 외세의 영향에 대한 반발의 시기로 물러날 수밖에 없다.

45. 특별히 1장의 내용과 2장의 교육내용을 볼 것.

46. 종교에 관한 내용을 볼 것.

47. 외세에 대한 반발의 시기에 관한 논의로 국한한다. 주 44 볼 것; 5장의 "축제"와 대조할 것.

48. 다음의 "기능-가르침"을 볼 것.

49. 예레미야 36장 4절("이에 예레미야가 네리야의 아들 바룩을 부르매 바룩이 예레미야가 불러 주는 대로 여호와께서 그에게 이르신 모든 말씀을 두루마리 책에 기록하니라")

50. 앞에서 논의된 내용(누가 가르쳤을까) 볼 것.

51. 사사기 17장 13절("이에 미가가 이르되 레위인이 내 제사장이 되었으니 이제 여호와께서 내게 복 주실 줄을 아노라 하니라")

52. Emil Shurer, A History of the Jewish People in the Time of Jesus Christ, Div. II, Vol. I, pp. 223-229는 레위인들의 직제가 등장해서 발전하는 과정을 탁월하게 요약해서 소개한다.

53. Charles F. Kent, The Great Teachers of Judaism and Christianity, pp. 44ff.

54. 제사장을 교사로 간주하는 것에 대한 논의는 5장 "교사로서의 제사장과 예언자의 쇠퇴"를 볼 것.

55. 사무엘상 9장 1절 이하

56. 사무엘상 9장 9절("옛적 이스라엘에 사람이 하나님께 가서 물으려 하면 말하기를 선견자에게로 가자 하였으니 지금 선지자라 하는

자를 옛적에는 선견자라 일컬었더라")

57. Wm. Robertson Smith and Owen C. Whitehouse, "The Prophets of the Old Testament," Enc. Brit., 11th ed., XXII, 442b.

58. O. C. Whitehouse, "Hebrew Religion," Enc. Brit., 11th ed., XIII, 182a.

59. 사무엘상 10장 11절-12절("전에 사울을 알던 모든 사람들이 사울이 선지자들과 함께 예언함을 보고 서로 이르되…사울도 선지자들 중에 있느냐 하고…"), 19장 20절-24절("사울이 다윗을 잡으러 전령들을 보냈더니 그들이 선지자 무리가 예언하는 것과 사무엘이 그들의 수령으로 선 것을 볼 때에 하나님의 영이 사울의 전령들에게 임하매 그들도 예언을 한지라…")

60. 가령, 사사기 4장 5절("그는 에브라임 산지 라마와 벧엘 사이 드보라의 종려나무 아래에 거주하였고 이스라엘 자손은 그에게 나아가 재판을 받더라")의 드보라, 열왕기하 22장 14절("이에 제사장 힐기야와 또 아히감과 악볼과 사반과 아사야가 여선지 훌다에게로 나아가니 그는 할하스의 손자 디과의 아들로서 예복을 주관하는 살룸의 아내라 예루살렘 둘째 구역에 거주하였더라 그들이 그와 더불어 말하매")의 훌다의 경우가 그랬다.

61. Wm. Robertson Smith and Owen C. Whitehouse, "The Prophets of the Old Testament," Enc. Brit., 11th ed., XXII, 441c.

62. 예레미야 36장은 예레미야가 자신의 전형적인 예언을 구술하는 과정을 소개한다.

63. 가령, 율법 책(The Book of Instruction)

64. Charles F. Kent, Beginnings of Hebrew History, p. 36. 유대의 예언자들은 BC 825년경에 이스라엘의 전체 역사를 기록하기 시작했다.

65. 이사야 8장 16절("너는 증거의 말씀을 싸매며 율법을 내 제자들 가운데에서 봉함하라")

66. Charles F. Kent, The Great Teachers of Judaism and Christianity, p. 25.

67. 예레미야 27장과 28장. "그 내용은 예레미야 자신에게서 나온 게 아니라 정통한 정보에 근거한 것으로 보인다."

68. 이사야 20장 3절("여호와께서 이르시되 나의 종 이사야가 삼 년 동안 벗은 몸과 벗은 발로 다니며 애굽과 구스에 대하여 징조와 예표가 되었느니라")

69. 1장의 "예언자의 야웨 사상" 부분을 볼 것.

외국 영향에 대한 반발시대

III 외국 영향에 대한 반발시대

"너희의 하나님이 이르시되 너희는 위로하라 내 백성을 위로하라 너희는
예루살렘의 마음에 닿도록 말하며 그것에게 외치라 그 노역의 때가 끝났
고 그 죄악이 사함을 받았느니라 그의 모든 죄로 말미암아 여호와의 손
에서 벌을 배나 받았느니라 할지니라 하시니라"_ 이사야 40장 1절-2절

．
．

BC 586년 예루살렘과 성전은 바빌로니아에 의해서 파괴되었다.
수천 명의 유대인들이 바빌로니아로 유배되었다. 포로기의 시작이
었다. 바빌로니아의 유대인들은 자신들보다 탁월한 문명에 둘러싸
여 있다는 사실을 깨달았다. 문학적 부흥이 뒤따랐고, 그 가운데
가장 중요한 결과물은 제사법전이었다. 그것은 이후로 유대인의
모든 삶을 규정하고 교육의 기초가 되었다.
유대인들은 마카비 시대(BC 167년-63년)를 제외하고 BC 586년
바빌로니아 유배부터 70년 예루살렘 멸망까지 바빌로니아, 페르
시아, 그리스, 시리아, 이집트, 로마처럼 늘 강력한 이민족들의 지
배를 받았다. 이 시기에 전체적으로 디아스포라라고 부르는 수천
개의 유대 공동체가 전 세계에 자리 잡게 되었다.

바빌로니아 포로기　BC 597년 느부갓네살이 예루살렘을 함락시키고 여호야긴, 왕족, 대규모의 귀족과 장인을 바빌로니아에 포로로 끌고 갔다. 느부갓네살은 얼마 지나지 않아서 유다의 반란을 진압하러 또다시 군대를 파견해야 했다. 1년 반에 걸친 포위 끝에 예루살렘은 BC 586년에 함락되었다. 597년에 살아남았던 성과 성전은 약탈당하고 불탔다. 수천 명의 유대인들이 강제로 바빌로니아로 추방되었고, 유다는 바빌로니아의 일부가 되었다. 포로기의 시작이었다.[1]

문학의 부흥　바빌로니아의 유대인들은 자신들보다 탁월한 문명에 둘러싸여 있다는 사실을 깨달았다. 학교들과 수많은 자료를 보유한 도서관들이 폭넓게 자리잡고 있었다. 의학, 천문학, 수학, 건축, 공학, 그리고 정교한 법전과 같은 상당한 지식이 바빌로니아의 지적 발전을 입증했다. 그런 환경은 당연히 문학적 움직임을 자극했다. 아울러서 민족법, 역사, 전통과 성전의식을 보존하려는 유대인들의 간절한 열망 역시 또 다른 자극이 되었다. 포로기 이전에 예루살렘은 유일한 희생제사의 장소로 간주되었다. 이제 제사장들은 예언자들과 마찬가지로 관례적인 의무와 무관하게 교육과 집필에 집중했다. 그렇게 해서 문학적 부흥이 일어났고, 에스겔의 예언이나 제2이사야 같은 독창적인 작품들이 생산되었다. 이미 존재하는 아모스, 호세아, 신명기, 여호수아 등이 새롭게 등장하고, 법전을 비롯해서 의식, 관습, 그리고 예전에 대한 자세한 기록들이 편집되었다.

페르시아 시대(BC 539년-332년) 포로기는 불과 48년간 지속되었다.[2] BC 538년에 페르시아의 고레스가 바빌로니아를 정복했다. 페르시아의 통치자들은 예루살렘에 유대인 사회를 복구하는 것을 허용했다. 성전이 재건축되었다(BC 520년-516년). 이것은 종교와 종교교육에 있어서 가장 중요한 사건이었다.

그리스 시대(BC 332년-167년) BC 332년 그리스의 알렉산더 대왕이 페르시아의 국왕 다리우스(Darius)를 물리치고 팔레스타인과 이집트까지 정복을 계속했다. 이후에 알렉산더는 BC 323년에 세상을 떠났다. 팔레스타인 지역은 이집트와 시리아라는 경쟁 국가들의 쟁점이 되었다. 프톨레미 1세(Ptolemy I)가 예루살렘을 함락시킨 BC 320년부터 120년간 이상을 유다는 이집트와 시리아로부터 번갈아 지배를 받았다. 결국 BC 198년에 시리아의 셀류시드 왕조(Seleucids)가 패권을 차지했고, BC 167년 마카비 반란 때까지 그렇게 유지되었다.[3]

알렉산더의 일부 야심은 동방의 헬라화였다. 정복하는 곳마다 그리스의 식민지를 건설하고 그리스어, 그리스 종교, 그리스의 정치제도와 학교를 도입했다. 유다를 헬라화하려는 그의 노력은 후계자들이 계승했다. 이집트의 프톨레미 왕조, 그리고 시리아의 셀류시드 왕조는 유대인들이 민족종교, 문화, 제도와 교육과 절연하거나 강제로 멀리하도록 만들었다. 유대인들을 헬라화 하는 것으로 만족하지 않았던 셀류시드 왕조는 폭력적인 수단을 구사했다. 예루살렘 성전의 번제단에 그리스식 제단을 설치했다. 율법책을 소지하거나 안식일을 지키면 사형에 처했다. 그리스신들의 제단이 곳곳에 설치되고 가정의 가장들은 죽음을 면하기 위해서 제사에 참여해야 했

다.[4]

마카비 시대(BC 167년-63년) 이런 강압적인 수단 때문에 유
대인들은 하스몬 가문(Hasmoneans)의 나이 많은 제사장 마타디아스
(Mattathias)와 다섯 아들의 지휘에 따라서 BC 167년에 반란을 일으
켰다. 2년이 지나지 않아서 종교의 자유를 회복했다. 이후의 지도자
들은 정치적인 음모와 시리아의 정치 상황을 잘 활용해서 마침내 유
다가 독립을 회복할 수 있는 권리를 확보하는데 성공했고, 로마가
예루살렘을 차지하게 된 BC 63년까지 국가를 유지했다.

로마 시대(BC 63년-AD 70년) 로마인들의 지배는 재앙을 가
져다주었다. 로마 통치자들은 팔레스타인을 지배하는 동안 성전을
약탈하고, 과도한 공물을 요구하고, 수천 명의 유대인들을 노예로
끌어갔다. 지방에서 권력을 좇는 이들은 내적 갈등과 불화를 지속
했다. 그들 가운데 한 사람인 혜롯은 로마의 도움을 받아서 BC 37년
에 예루살렘을 장악하고 BC 4년까지 계속 지배를 이어나갔다. 그의
아들 아르켈라우스(Archelaus)는 사마리아, 유다 그리고 이두메를 물
려받았지만 지나치게 잔인하게 통치해서 10년 뒤에는 억압받던 유
대인들이 로마에 호소했다(AD 6년). 황제 아우구스투스(Augustus)는
아르켈라우스를 물러나게 하고 유다를 로마 총독의 지배 아래에 두
었다. 로마의 억압과 그릇된 처리 때문에 반란은 끊이지 않았다. 절
정은 66년에 시작되어 70년에 로마의 디도(Titus)가 예루살렘을 파
괴하는 것으로 끝난 폭동이었다.[5] 비참한 일부 생존자들은 나중에
로마세계 전체로 흩어졌다. 국가적인 정치적 존재에 대한 기대는
이제 모두 끝났다. 이후의 역사에서 이 사람들이 종교교육체계를
통해서 자신들의 민족성을 어떻게 보존했는지에 대한 일화는 모두

중세와 현대에 해당할 뿐이라서 이때는 설명이 불가능하다.

| 일반적 특징들 |

사제 정치와 민중의 정치　위에서 요약한 외국 열강들과의 6세기 반에 걸친 접촉은 아주 중대한 변화를 초래했다. 이 시기에 제사장직은 외국의 지배자와 맞먹는 정치력을 갖게 되었다. 신중하게 조직되고, 야웨에게서 비롯된 것으로 간주되는 율법에 의해 충분한 권한이 보호되고 보장되는 제사장들의 영향력과 숫자가 확대되었다. 포로기 이후에 왕권을 영구화하려는 노력이 헛수고가 되자 대제사장은 유대인들은 물론, 외세로부터 유대 정부의 수장으로 인정을 받게 되었다. 사제가 주도하는 유대 정부에서는 애국심과 경건이 한 가지였다. 법을 준수하는 게 종교적인 것이고, 종교적인 게 법을 준수하는 것이었다. 유대 교육의 역사에서 이것의 의미를 과대평가해서는 안 된다.

사제들이 신분중심 사회의 건설을 추구하는 흐름과는 달리 민주주의에 가까운 어떤 경향들이 등장했다. 일부는 예언자들의 이상과 교훈의 결과였고, 일부는 그리스의 영향 덕분이었다. 여기에는 개별 도시들의 확대되는 자율성과 산헤드린 공회의 재구성이 포함된다.[6]

헬레니즘-종교와 도덕의 쇠퇴　포로기 이전까지 독자적이고, 경우에 따라서는 정복자였던 히브리인들은 외국으로부터 자신들이 선택한 요소들을 자유롭게 차용했다. 포로기 이후로 계속해서 접촉이 진행된 헬라화 된 사람들은 대개 지배자들이었다. 그리스의 영향은 이중적이었다. 일상적 삶의 지적 및 미적 측면이 확대되고 풍요롭게 되었지만, 이런 지적 풍요로움은 종교와 도덕의 타락을 동반했다. "부유한 유대인들은 곧 그리스의 풍습을 베꼈고, 수치나 명예라는 문제에 무뎌진 그들은 노래꾼과 춤꾼, 그리고 타락한 여성들을 축제에 끌어들였다."[7] 술과 춤이 따르는 디오니소스 의식을 비롯해서 그리스 종교의식들이 전통신앙과 무관한 유대인들 사이에 수용되었다. 회의주의, 유대교의 배격 그리고 무질서가 뒤따랐다.[8] 이런 상황에 처한 유대인들 사이에서 성격이 분명한 집단들이 등장했다. 첫째는 외국 지배자들의 환심을 사서 정치적으로 상승하려고 그리스의 문화, 제도 그리고 종교를 받아들였다.[9] 둘째는 외국의 새로운 문물을 배격하고 조상들의 관습과 제도를 순수하게 보존하려고 노력했다. 셋째는 다소 중도적 성향을 대표했다. 흔히 유대교(Judaism)로 알려진 삶을 추구하는 자세를 조장하고, 유대인들을 야웨에 대한 예배와 제사를 위해 구별된 아주 특별한 민족으로 규정하는 모든 의식과 관습을 강조했는데, 경우에 따라서는 과도할 때도 있었다.

디아스포라   바빌로니아 포로기 이후 줄곧 다양한 외국의 정복자들이 수많은 유대인들을 노예로 끌어갔다. 억압과 갈등을 벗어나서 외국에서 기회를 잡으려고 자발적으로 팔레스타인을 떠난 유대인들도 있었다. 그렇게 해서 팔레스타인 외부의 문명세계 전체에 대규모의 유대인 공동체들이 점차 생겨나게 되었다.[10] 6세기의 포로기에 시작된 이 흐름은 로마시대에 절정에 도달했다.[11] 스타라보(Strabo)는 술라(Sulla)의 시대에도 "세계 어디에서도 이 민족을 받아들이지 않거나 그것이 소유할 수 없는 장소는 거의 존재하지 않는다."라고 기록했다. [12] 따라서 유대지역의 정착한 외국인들은 물론이고 디아스포라(diaspora)[13] 사이에서 유대인의 관습과 믿음, 제도들이 외국 문물 때문에 지속적으로 위협을 받았다.

주
footnote

1. H. P. Smith, Old Testament History, p. 297.

2. 유대 작가들은 BC 586년 제2성전의 봉헌까지 모두 70년간 지속된 것으로 흔히 간주했다.

3. 유다 마카비(Judas Maccabeus)가 시리아와의 1차 전투에서 승리했다. 그 기간은 대개 BC 175년-63년으로 간주한다.

4. H. P. Smith, Old Testament History, pp. 444-445. George Adam Smith, Jerusalem: …to 70 A. D., Ⅱ, pp. 367-436.

5. 예루살렘의 파괴는 고대사에서 가장 두려운 사건이면서 동시에 가장 흥분되는 사건이다. 가장 탁월한 설명은 Carl H. Cornill, History of the People of Israel, pp. 272-301.

6. H. P. Smith, Old Testament History, pp. 417-418.

7. H. Graetz, History of Jews, Ⅰ, 428d.

8. Ibid., 426-428.

9. 의로운 시므온의 손자 요셉(BC 208년에 사망)이 대표적인 유형이었다. H. Graetz, History of Jews, Ⅰ, 423-431.

10. BC 6세기에 이집트의 다프네(Daphne)와 엘레판티네(Elephantine)에 유대인 공동체가 활발하게 존재했다는 증거가 있다.

11. 최근에 상당한 관심을 끄는 저서가 있다. D. Askowith, The Toleration and Persecution of the Jews in the Roman Empire.

12. Josephus, Antip., XIV, 7, 2에 인용된 스트라보(Strabo)의 단편 6.

13. 디아스포라는 세계 곳곳에 흩어진 유대인들의 생활공동체를 집합적으로 일컫는 용어이다.

포로기 이후의 가정교육

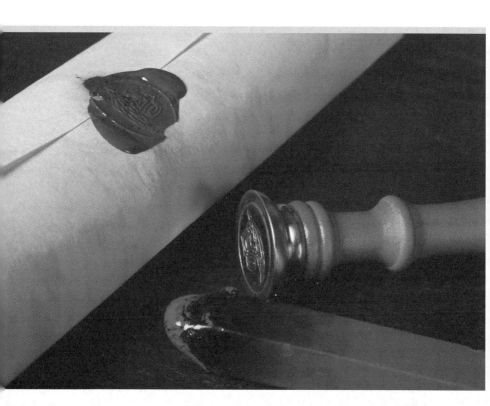

IV 포로기 이후의 가정교육

"보라 자식들은 여호와의 기업이요 태의 열매는 그의 상급이로다" _ 시편 127장 3절

"네 자녀에게 부지런히 가르치며 집에 앉았을 때에든지 길을 갈 때에든지 누워 있을 때에든지 일어날 때에든지 이 말씀을 강론할 것이며" _ 신명기 6장 7절

히브리인들은 자녀를 하나님의 선물로 간주했다. 거룩한 법은 부모들에게 자녀를 위한 최초의 신앙교사의 역할을 담당해야 할 책임을 부과했다. 교사로서의 어머니는 아버지에 비해 비중이 떨어지면서도 아주 중요한 존재였다. 일반적으로 말하자면, 자녀교육에는 엄격하고 신체적인 체벌이 적극적으로 권해지고 자유롭게 활용되었다. 그럼에도 불구하고 히브리 문헌에는 자녀에 대한 부모, 부모에 대한 자녀의 아주 깊은 애정이 존재했다는 증거가 많다. 생활과 자녀교육에서는 시기가 다소 명확하게 드러나는데, 일부 종교의식이 경계선 구실을 한다. 가정에서의 교육은 주로 신앙, 도덕, 태도와 직업의 훈련과 교육으로 구성되었다. 모든 종교교육의 목적은 자녀에게 야웨에 대한 개인적인 책임을 자각하게 만드는 것이었다.

| 교육기관으로서의 가정[1] |

자녀 기대 히브리인들의 자녀에 대한 강렬한 기대는 자녀가 없었던 사라, 리브가, 라헬 그리고 한나와 관련된 구약성서의 일화에 드러나 있다. 후손에 대한 태도는 유명한 시편에 아름답게 그려져 있다.

> "보라 자식들은 여호와의 기업이요
> 태의 열매는 그의 상급이로다
> 젊은 자의 자식은 장사의 수중의 화살 같으니
> 이것이 그의 화살통에 가득한 자는 복되도다"[2]

부모의 책임 히브리인들의 역사 전체에 걸쳐서 가정은 기본적인 교육기관으로 간주되었다. 부모들은 자녀는 물론이고 그들의 행동을 교육할 책임을 맡고 있었다. 결국, 율법은 소년이 개인적으로 율법에 책임을 지는 연령을 13세로 확정했고,[3] 이 시기까지 아버지에게 소년의 교육뿐 아니라 행실에 대해서도 책임을 맡겼다. 매일 종교교육의 임무를 성실하게 수행하는 초등학교 제도의 등장에도 불구하고 가정은 무엇보다 중요한 이런 책임에서 자유롭지 못했다. 그것은 불가능했다. 야웨가 부모에게 내린 명령이었기 때문이다.

> "네 자녀에게 부지런히 가르치며
> 집에 앉았을 때에든지 길을 갈 때에든지
> 누워 있을 때에든지 일어날 때에든지 이 말씀을 강론할 것이며

너는 또 그것을 네 손목에 매어 기호를 삼으며

네 미간에 붙여 표로 삼고

또 네 집 문설주와 바깥 문에 기록할지니라"(신명기 6장 7절-9

절)

지지트(zizit), 테필린(tefillin)[4]과 메주자(mezuzah)[5]는 히브리인들이 이런 명령을 얼마나 정확하게 수행하려고 했는지를 보여준다.

부모의 권위·신적 권한 코닐(Carl Cornill)은 고대 히브리인의 가정이 "절대적인 군주체제였고, 아버지는 정점에 있는 절대 군주였다"고 소개한다.[6] 이런 권위를 보여주는 증거는 많다. 아내와 자녀는 노예와 다를 바 없었다. 아버지는 딸을 혼인시키거나 노예로 넘길 수 있었다. 물론 외국인들과는 거래하지 않았다.[7] 우리가 소유한 자료에 따르면, 유아살해가 용납되지는 않았더라도 이른 시기에는 특별한 경우에 아들과 딸을 산 제물로 바쳤을 가능성이 있다.[8] 부모들은 우월한 부모의 지혜와 선함을 납득시켜서 자녀에 대한 스스로의 권위를 확보할 필요가 있다는 근대적인 루소식(Rousseauian) 이론은 역사상 히브리인의 사상에서 전혀 근거를 찾을 수 없다. 그와는 달리 신적 권한으로 다스렸다.

"주님께서는 자식들에게 아비를 공경하게 하셨고

또한 어미의 권위를 보장해 주셨다."[9]

신명기의 율법은 다루기 힘든 무절제한 아들을 복종시킬 수 없는 경우에 부모는 그 성읍 장로들에게 데려와서 이렇게 말해야 한다. "우리의 이 자식은 완악하고 패역하여 우리 말을 듣지 아니하고 방탕하며 술에 잠긴 자라"[10] 이 율법에는 고발된 자식에 대한 조사나 어떤 변론도 규정되어 있지 않다. 부모는 고발자와 검사의 역할을 한꺼번에 맡고, 장로들은 재판관이 되었다.[11] 부모의 고발이 성읍의 장로들에게 받아들여지면 즉시 "성읍의 모든 사내들이 그(죄가 있는 아들)를 돌로 쳐서 죽였다."[12]

하지만 부모에게 허락된 권위의 수준을 파악할 수 있을 만큼 중요하고 엄격한 신명기의 율법은 이 권위를 다소 제한하려는 노력으로 훨씬 더 중요하다는 사실에 주목해야 한다. 이른 시기에는 부모의 권위가 전혀 제한을 받지 않았다. 신명기의 율법은 부모가 자녀를 내키는 대로 대하는 것을 불가능하게 만들었다. 그들의 행위는 일종의 법정이라고 할 수 있는 성읍의 장로들에게 점검을 받아야 했다. 사형선고를 내리려면 부모가 아니라 더 높은 권위가 필요했다.

교사로서의 부모 아들이나 자녀에게 거룩한 법,[13] 특히 유월절이나[14] 중대한 성스러운 순간이나 역사적 사건의 의미를 가르치도록 아버지에게 지시하는 내용의 신명기 6장 7절-9절과 비슷한 구절들은 많이 인용될 수 있다.[15] 자녀들의 종교교육은 부모 모두의 책임이었지만, 일차적인 책임은 가장인 아버지의 몫이었다. 어머니는 성서에 교사로 자주 거론되지만, 일반적으로는 아버지와 함께 하거나 아버지보다 비중이 적었다.[16] 어머니가 독자적으로 이 역할을 수행하는 것으로 그려진 성서의 내용은 한 곳 뿐이다.[17] 그 잠언의 서두는 이렇게 시작된다. "르무엘 왕[18]이 말씀한 바 곧 그의 어머니가 그를 훈계한 잠언이라"

어린이의 본성과 체벌 종교 및 도덕 교육을 위한 안내서의 성격을 가진 잠언과 외경인 집회서는 어린이의 본성을 무책임하고, 다루기 힘들고, 어리석고, 반항적으로 묘사한다. 아버지들은 자식의 응석을 받아주면 안 된다는 경고와 함께 아들과 딸에게 엄격하라는 충고를 받았다.

> "자식의 응석을 너무 받아 주다가는 큰 화를 당하게 되고,
> 자식하고 놀아만 주다가는 슬픔을 맛보게 된다."[19]

> "자식과 함께 웃다가는 같이 슬퍼하게 되고 마침내는 통곡하게 된다."[20]

> "딸이 있거든 정숙하게 기르되 언제나 엄격하게 다스려라."[21]

자식의 의지는 반드시 꺾어주어야 한다. "길들이지 않은 말은 사나와지고 제 멋대로 자란 자식은 방자해진다."[22] "자식이 젊을 때에 길을 잘 들이고 어릴 때부터 회초리로 키워라. 그렇지 않으면 고집만 자라서 말을 안 듣고 너에게 큰 고통을 안겨 줄 것이다."[23]
체벌을 중요하게 평가하는 대목은 많다.

> "매를 아끼는 자는 그의 자식을 미워함이라
> 자식을 사랑하는 자는 근실히 징계하느니라"[24]

> "네가 네 아들에게 희망이 있은즉 그를 징계하되…"[25]

> "아이를 훈계하지 아니하려고 하지 말라
> 채찍으로 그를 때릴지라도 그가 죽지 아니하리라"[26]

이런 본문들의 설명처럼 모든 히브리의 아버지들이 근엄하지 않았다는 사실은 저자들이 부모들에게 엄격하라고 거듭해서 권하는 데서 느껴지는 불가피함과 다른 책의 내용에서 확연히 드러난다. 요셉에 대한 야곱의 사랑과 탕자의 비유를 통해 예수가 그려낸 부성애는 분명히 대다수 아버지들의 전형이었다. 히브리 시인들은 지상의 아버지를 참고해서 이스라엘에 대한 야웨의 자비를 묘사한다. "아버지가 자식을 긍휼히 여김 같이 여호와께서는 자기를 경외하는 자를 긍휼히 여기시나니"(시편 103편 13절)

| 아동기와 교육 |

배움의 시기, 아동기 소년은 일찍부터 성인의 책임을 떠맡았기 때문에 아동기는 학습과 훈련을 받는 특별한 기간으로 간주되었다. 이것은 실제 뿐 아니라 교육적 문헌 역시 인정하는 내용이었다. "아들이 있거든 잘 기르되 어려서부터 길을 잘 들여라"[27] "마땅히 행할 길을 아이에게 가르치라 그리하면 늙어도 그것을 떠나지 아니하리라"[28]

특별한 의식들

탈무드에서는 아동기[29]와 교육[30]을 다섯 단계로 구분한다. 그것들이 자주 인용되고 있지만 탈무드 이전 시대와는 무관하다. 에더샤임(Alfred Edersheim)은 성서에서 인간의 여덟 가지 시기들을 찾아냈는데, 그 가운데 일곱은 아동기에 해당한다.[31] 제사법전(Priestly

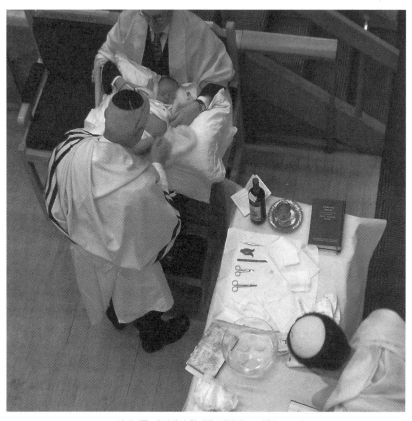

▲ 아버지를 대신해서 할례를 집행하는 모헬 (mohel)

Code)에는 아동기의 시작과 끝을 알리는 의식들이 기록되어 있다. 이런 다수의 의식들은 법제화되기 훨씬 이전부터 존재했을 것이다. 일부는 유목시절에 등장했을 가능성이 높지만, 구체적으로는 확인이 불가능하다. 그것들을 소개하는 것에서 만족할 수밖에 없다.

유아의 의식과 할례　아기가 태어나면 물로 닦고 소금으로 문지르고 강보로 삼쌌나.[32] 아기가 첫째 아들이면 야웨의 몫이었고, 다섯 세겔을 바쳐서 대속해야 했다.[33] 생후 여드레째에 모든 남자아이는 할례를 받고[34] 아버지[35]나 어머니[36]를 좇아서 이름이 주어졌다.

퍼리츠(I. J. Peritz)는 구약성서에 등장하는 아동의 작명 사례들 44개 가운데 4개는 하나님, 14개는 남성 그리고 26개는 여성과 관계가 있다는 것을 밝혀냈다.[37]

산모의 정결의식 아들을 출산한 여성은 7일 동안 부정하고 추가로 33일이 지나야 정결해졌고, 딸을 출산한 경우에는 기간이 두 배로 늘어서 14일 동안 부정해서 그로부터 66일이 경과해야 정결해졌다. 이 기간에 산모는 거룩한 것을 만지거나 거룩한 장소에 들어갈 수 없었다. 그 시기가 끝날 무렵에는 다음의 두 가지 제물들을 바치고 정결함을 회복했다. (1) 1년 된 어린양을 바치는 번제(산모가 가난하면 집비둘기나 산비둘기), (2) 집비둘기나 산비둘기를 바치는 속죄제.[38]

이유(離乳) 축제 젖을 먹이는 것은 자주 거론되지는 않아도[39] 대개는 산모들이 자녀들에게 직접 젖을 먹였다.[40] 어린이들은 일반적으로 두세 살에 젖을 뗐고,[41] 이유기에 들어서게 되면 잔치를 벌이기도 했다.[42]

청소년기의 의식 탈무드에 따르면 13세에 계명의 책임을 감당해야 한다. 달리 말하면, 율법을 책임져야 했다.[43] 성서에서는 청소년에게 제공하는 특별한 교육제도에 관한 정보를 전혀 확인할 수 없다. 그럼에도 불구하고 전설이나 전통은 물론이고 여러 관습들과 나중에 도입된 의식들에는 이미 부족시대부터 청소년기를 사회적으로나 종교적으로 각별히 의미 있는 시기로 간주했고, 정치적 및 종교적 의무를 확실하게 떠맡는 순간으로 분류하고서 특별한 의식을 도입했다는 것을 암시하는 내용이 풍부하다. 예수의 부모는 그가 열두 살이 되자 예루살렘에 있는 성전을 방문해야 할 때가 되었다고 생각했다.[44] 유대 전통이나 전설에서는 영웅이 청소년기에 들어설 때 처음으로 위대한 인생의 결단을 내리는 것으로 묘사하는 경우가 많다. 전설에 따르면, 모세가 파라오의 딸의 집을 떠난 게 열두 살이었고, 소년 사무엘은 열두 살이 되는 밤에 하나님의 음성을 들었다.[45]

할례 할례의식은 청소년기의 사회적 및 교육적 의의를 아주 옛날부터 이해하고 있었다는 또 다른 증거가 될 수 있다. 이 의식에 대한 성서의 가장 오래된 언급[46]은 그것의 기원이 아니라 유아기의 의식으로 기원을 설명하려는 시도로 간주할 수 있다.[47] 일각에서 생각하듯이 만일 할례가 가족의 의식이 아니라 처음부터 부족 단위였고 청소년이 부족에 입문하는 의식의 일부였다면,[48] 히브리인들이 초창기부터 다른 원시 부족처럼 청소년기를 위한 특별한 의식과 함께 특별한 훈련을 제공했다고 추론하는 것도 무방할 수 있다. 오늘날에도 법에 대한 책임감을 받아들이면 청소년기의 의미를 인식하고 있음을 드러내는 복장의 변화가 뒤따른다. 지금부터는 이런 변화들 가운데 지지트와 성구함을 검토한다.

지지트 초기 히브리인들은 스코틀랜드식 격자무늬 형태의 커다란 천을 밖에 걸치고 다닌 것 같다. 심라(simlah)라고 부르는 이것의 네 귀퉁이에는 파랗고 하얀 술이나 실을 꼬아서 만든 것들을 매달았다. 신명기의 법은 이렇게 규정한다. "너희는 너희가 입는 겉옷의 네 귀에 술(히브리어로 'zizit'를 '술'로 번역하는 것은 맞지 않다. 실을 꼬아 만들기 때문이다.)을 만들지니라"[49] 이것은 주술이나 미신과 관계가 있는 아주 오래된 관습처럼 보인다. 결국 영적인 의미를 획득하게 되었고, 옷에 술을 매다는 것은 야웨의 법대로 살면서 모든 계

명을 지켜야 할 의무를 주로 상징하게 되었다. [50] 후기 성서시대에
진행된 복장의 분산과 박해와 변화 덕분에 심라는 두 가지 의복, 즉
(1) 밖에 걸치는 탈릿(tallit), 또는 기도보와 (2) 술이 달린 속옷으로 오
늘날까지 정통 유대인들이 입는 아르바 칸포트(arba kanfot), [51] 또는
작은 탈릿으로 대체되었다. *

▲ 탈릿 (기도보) 끝에 달린 지지트

---

* arba kanfot는 말 그대로 '네 개의 귀퉁이'라는 뜻이다. 일설에 따르면, zizit이 이디시 어
(Yiddish)로 '남성의 가슴'이라는 뜻의 zitzim과 발음이 비슷해서 정통 유대인들이 arba kanfot
를 착용하기 시작했다고 한다(옮긴이).

테필린(단수 테필라), 또는 성구함 테필린(단수 테필라), 또는 성구함은 13세 이상의 남성이 기도할 때 착용하는 의식용 장신구이다. 작은 가죽상자들에는 끈이 지나가는 고리가 달려있다. 예배자는 끈을 가지고 미간의 앞이마 쪽에 성구함을 고정시키고, 또 한 개는 왼팔 안쪽에 매단다. 테필린의 머리 부분은 네 개로 구분되어서 각각 다음의 성구들을 집어넣는다. (1) 출애굽기 13장 1절-10절, (2) 출애굽기 13장 11절-16절, (3) 신명기 6장 4절-9절, (4) 신명기 11장 13절-21절. 동일한 성구들이 팔에 착용하는 테필린에도 들어가지만 내부는 칸을 나누지 않는다.[52]

▲ 테필린을 팔에 착용한 모습 (안쪽)

▲ 테필린을 팔에 착용한 모습 (바깥쪽)

▲ 손목에 착용하는 테필린

테필린을 착용하는 고대의 관습은 확인할 수 없다. 신약성서에는 그것들이 자주 거론된다.[53] 전통적으로는 그 명령의 기원을 출애굽기 13장 16절에서 찾는다. "이것이 네 손의 기호와 네 미간의 표가 되리라" 이 관습은 부족시대에 구성원을 식별하거나 주술로부터 보호하려고 표시를 하거나 문신을 하는 일부 습관에서 비롯된 것으로 보인다. "본디 '표식'은 잘 드

▲ 테필린을 머리에 착용한 모습 (뒷쪽)

▲ 테필린을 머리에 착용한 모습 (앞쪽)

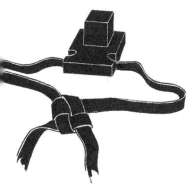
▲ 머리에 착용하는 테필린

러나는 피부, 앞이마('미간') 그리고 손에 새겨졌다. 나중에 미간이나 손에 묶는 어떤 눈에 띄는 물체가 피부에 글을 새기는 것을 대신했다."[54]

청소년기에 들어서는 게 종교적, 정치적 및 사회적 책임을 감당하는 시기로 처음 받아들여질 때부터 청소년은 일정한 기간을 특별히 준비하거나 종교의식을 치름으로써 새로운 권리나 임무를 떠맡았을 가능성이 높다. 바르 미츠바(bar mizwah)와 관련된 현재의 의식들이 통용되기 시작한 것은 14세기 이전의 일은 아니었지만,[55] 부족 차원의 의식과 바르 미츠바 사이에는 단절이 아니라 지속적 발전만이 존재했다고 믿을만한 충분한 이유가 있다. 고대의 청소년기 의식들에 대한 기록은 없지만 여기서 바르 미츠바 의식을 소개해도 문제가 되지는 않는다. 단 그것이 훨씬 후대에 속한다는 것을 기억해야 한다.

바르 미츠바 바르 미츠바("계명의 아들")는[56] 직접 율법을 완수할 책임을 지는 나이(13세)에 도달한 유대인 남성을 뜻한다. 13세 생일을 맞이하기 얼마 전부터

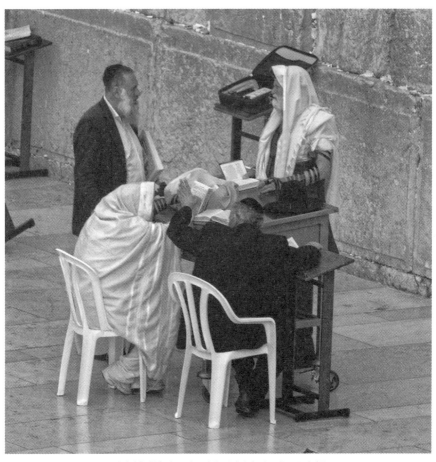
▲ 테필린을 착용하고 예루살렘 서벽에서 기도하는 유대인들

소년은 특별히 준비하고 종교적 교훈을 받는 시기에 들어간다. 생일이 지난 첫 안식일에 소년은 아버지와 함께 회당에 간다. 아버지는 회중 앞에서 다음과 같이 축복기도를 하면서 자식을 지도해야 할 책임을 공식적으로 내려놓는다.

"이 아이에 대한 책임을 벗어나게 하시니 당신을 찬양합니다."

▲ 예루살렘 유대인들의 바르 미츠바

소년은 성서의 일부를 읽게 된다. 축복기도를 읽거나 성서일과
를 끝내고 나서 역시 연설을 할 수도 있다. 회당의 예배가 끝나면 집
에서 선물을 건네는 잔치를 벌어지기도 한다.[57]

통과의례의 교육적 의의　앞서 소개한 의식들은 어린이가 거치
는 각각의 시기들에 종교적인 의미를 부여했다. 가족 모두 어린이
가 야웨의 소유라는 것과 더불어서 부모는 어린이에게 종교교육을
보장하도록 하나님으로부터 직접 책임을 부여받았다는 사실에 깊
은 인상을 받았다. 가족의 자부심, 대중의 여론, 종교적 신념, 그리
고 의식이 이런 책임감을 강화시켰다.

| 학교생활의 시기 |

학교가 출현하기 이전까지는 어느 시대에나 존재하던 축제, 의식, 가정과 종교 및 사회적 제도가 시기별로 어린이에게 지식을 제공하는 구실을 했다. 학교가 등장한 이후로는 어린이의 환경과 활동이 가정에서 학교로 확실하게 전환되었다. 하지만 학교의 수업내용은 대부분 종교적이었다. 다음의 도표는 초등학교 출현 이후에 어린이들의 교육을 개략적으로 소개한다.

초등학교 출현 이후 유대 어린이들의 교육과정

연령	시기	교육기관	교사	학습내용 및 활동
1–6세	유아기	가정	부모와 기타 가족들	쉐마 및 국가차원의 신앙교리, 성서구절과 잠언, 기도와 찬송과 성서 이야기
6–12세	아동기	초등학교	하잔 (Hazzan, 초등학교 교사)	암기가 필요한 구약성서 내용, 특히 모세오경
12세 이후	청소년기	서기관학교[58]	소페림 (Soferim, 서기관들)	문서와 구전으로 구성된 수준 높은 종교 및 신학 문헌

직업 교육

토착기에 발생한 직업교육은 포로기 이후에도 계속되었다.[59] 모든 소년들이 어느 정도 손재주를 익혔다는 것은 전체 계층 가운데 가장 수준 높은 교육을 받은 서기관들과 랍비들이 필요할 경우에는 부지런히 손을 놀려서 직접 생계를 꾸렸다는 사실에서 확실하게 드러난다.[60] 탈무드는 자식에게 장사를 가르치는 일을 사회적 지위와 무관하게 모든 아버지에게 직접 맡겼다.[61] 하지만 여기에서는 다른 여러 가지 사례들처럼 수세기 동안, 혹은 아주 옛날부터 익숙해진 관행을 단순히 법으로 제시한 것일 수도 있다.

확실한 정보가 없기 때문에 소년이 기술을 익히는 과정은 대부분 추정에 불과할 수밖에 없다. 대개는 아버지의 직업을 물려받았고 일찍부터 공방이나 가게에서 아버지와 손위 형제를 도우면서 훈련했다고 가정하는 게 합리적일 것 같다. 나중에 정규 도제과정에 입문할 때까지는 나이를 먹으면서 더 자주 힘을 보탰을 것이다. 초등교육이 의무가 된 뒤에는 이런 훈련은 대부분 어쩔 수 없이 초등학교 과정을 끝마친 뒤로 연기되었다. 따라서 서기관이나 랍비가 되기 위해서는 수준 높은 전문학교에서 계속해서 공부하지 않는 이상 장사나 손기술이 요구되는 직업을 위해서 부지런히 준비했을 것이다.[62]

음악

성전 예배에서 종교음악[63]이 차지하는 중요한 역할은 가정에서 이루어지는 종교생활의 두드러진 특징이 되었던 게 분명하다. 일부는 직접적인 교육의 결과이지만 대개는 그저 어른들의 노래를 듣는 것만으로도 유아기의 어린이는 종교적인 노래를 배우기 시작했을 것이다. 나중에 일부 악기를 배운 것으로 보인다.

춤

초기 히브리 예배에서 두드러진 역할을 했던 춤은 종교 행위로는 점차 인기를 잃었다. 그렇지만 결혼식이나 기타 세속적인 축제에서는 축하행위로 여전히 지속되었다. 거룩한 문서를 공부하는데 전력을 다하는 학교에서 어떤 식으로든지 존속했다는 증거는 전혀 없다. 따라서 춤은 대부분 가정에서 익혔을 것이다.

종교

이상으로서의 거룩 포로후기 교육에서 지적, 도덕적, 종교적, 그리고 시민과 관련된 요소들 간의 차이는 두드러지지 않았다. 실제로 가정과 학교에서 공부하는 모든 문헌은 종교적이었지만, 이 문헌에는 종교적 교훈과 함께 도덕적 교훈과 법이 포함되었다. 부모의 가장 중요한 역할은 자녀들에게 종교를 가르치는 것이었고 수세기 동안 이 책임은 전적으로 가정에 달려 있었다. 심지어 초등학교 등장 이후에도 여자 어린이의 교육은 남자 어린이가 7세경까지 그랬던 것처럼 전적으로 가정 안에서 이루어졌다. 이 시기의 종교적 이상은 거룩(holiness)이라는 낱말로 요약이 가능하다. 거룩의 의미는 "야웨에게로 구분되다," 즉 성별되다라는 뜻이다. 예언자들이 등장하기 이전까지 그 용어는 윤리적인 내용에 전혀 포함되지 않았지만 그들에 의해서 분리, 즉 마음과 행위가 완전히 정결한 상태를 의미하게 되었다.

최초의 종교교육-메주자 사실 어린이의 종교교육은 이미 소개한 유아기 의식들에서 시작되었다. 그것은 어린이가 야웨에게로 구분된 민족의 일원이 되었다는 표시였다. 어린이가 나이를 먹으면 그런 이상이 말과 행위를 통해서 점차 내부에 자리를 잡았다. 어린이가 말을 시작하기 이전부터 율법에 대한 존경과 사랑을 무의식적으로 교육받기 시작했다. 언어를 이해하기 훨씬 전에 어린

▲ 유대인 주택 입구에 설치된 메주자

이는 가족들이 출입구 앞에 멈춰 선 채 조심스럽게 메주자(mezuzah)를 만지는 것을 지켜보았다. 메주자는 나무나 금속으로 만든 빛나는 작은 원통이었고, 드나들면서 그것을 만진 손에 입을 맞추었다.[64] 나중에 어린이는 메주자가 거룩한 계명에 순종해서 출입구에 부착되었다는 것을 배웠다. "또 네 집 문설주와 바깥 문에 기록할지니라"[65] 원통의 내부에 있는 작은 양피지 조각에는 두 개의 성구가 기록된다(신명기 6장 4절-9절과 11장 13절-20절). 이 무렵에 어린이는 역시 성구함(테필린)과 아버지가 걸친 심라(simlah)의 네 귀퉁이에 꼬아서 매단 밝은 색 술(지지트)에 눈길을 주기 시작했을 것이다.

종교 문헌 어린이가 입을 떼기 시작하자마자 부모는 성서구절

을 가르치기 시작했다. 어쩌면 예수의 어린 시절이나 그보다 훨씬 이른 때부터 이미 쉐마[66]의 첫 구절("이스라엘아 들으라 우리 하나님 여호와는 오직 유일한 여호와이시니")[67]을 가르치는 게 관습이 되었을지 모른다. 율법서, 예언서, 시편 그리고 잠언에 있는 다른 구절들 역시 차례대로 익혀나갔을 것이다. 소년은 학교에 가기 훨씬 전부터 조상들의 모험, 재앙 그리고 영광에 얽힌 결코 잊을 수 없는 이야기들에 배웠을 것이다.

어린이들이 던지는 거의 무제한적인 질문은 거룩한 문헌에서도 대답을 찾을 수 없었다. 아담과 이브의 이야기[68]는 "누가 나를 만들었고, 무엇 때문에 만들었을까?"라는 어린이의 질문에 대한 답이 되었다. "어째서 모든 사람들이 같은 말을 사용하지 않을까?"라는 질문은 바벨탑 이야기로 대답했다.[69] 그리고 누가 바다와 별을 만들었는지 물으면 아버지는 위대한 창조의 시를 암송했다. "태초에 하나님이 천지를 창조하시니라"[70] 어떤 질문이든지 간에 어린이에게 주어지는 최후의 분석과 최종적인 결론의 답은 늘 "하나님"이었다. 흙으로 인간을 만들고, 사람들의 언어를 혼란케 하고, 물과 뭍의 경계를 정하고, 태양과 달과 별을 하늘에 배치하고, 석판에 손가락으로 계명을 기록해서 매일의 순간을 규정하는 수많은 규칙을 정한 게 바로 하나님이었다. 현실, 거룩, 정결 그리고 야웨의 지배에 대한 지속적인 의식이 지배하는 이런 분위기에서 어린이의 종교적 자각이 각성되고, 자극되고 양육되었다.

기도 　성전이나 회당과 마찬가지로 가정에서 기도는 종교적 표현의 확실하고 중요한 통로였다. 모든 가족의 삶은 기도의 삶이었다. 식사 전후에 감사기도를 했다.[71] 이뿐 아니라 매일 세 차례씩 아

침과 오후와 저녁에 기도를 했다.[72] 어린에게 제일 먼저 가르치는 것 가운데 하나가 기도였다.[73]

가정의 축제 가정에서는 서로 다른 두 개의 축제를 지켰다.[74] (1) 앞서 소개한 유아기 축제처럼 가정생활과 얽힌 일을 기념하는 축제, (2) 유월절이나 초막절처럼 민족적으로 중요한 역사적, 종교적, 사회적 사건을 기념하는 축제. 안식일[75]처럼 본디 휴식의 기간과 관계된 일부 축제들은 점차 종교적으로 준수하고, 율법을 공부하고, 의식이나 종교적 관습을 훈련하는 날로 바뀌었다.[76] 모든 종교 축제는 부모들에게 인상적인 종교적 교훈을 제공할 수 있는 기회가 되었다. 상당수의 축제들이 민족의 역사와 종교를 교육하는 기간으로 확실하게 분류되었다(느헤미야 8장 18절). 가정에서 부모는 거룩한 계명에 순종해서 자녀들에게 축제의 기원과 상징적 행위의 의미를 설명했다. 종교적 가르침을 모든 축제의 요소로 간주하는 이런 경향이 얼마나 실행되었는지는 유대력의 축제에 해당하는 부림절 (Purim)을 통해서 분명하게 확인할 수 있다. 부림절은 처음부터 아주 흥겨운 축제였고 오늘날까지 어떤 통제도 받지 않는 떠들썩한 특징을 갖고 있다. 하지만 마침내 에스더서의 이야기를 읽거나 듣는 관습이 생겨났다(그리고 결국에는 그 날을 지키는 게 일반적인 의무가 되었다).

유월절과 무교절 아빕월(Abib)이나 니산월(Nisan) 14일 저녁에 지키는 유월절이 끝나자마자 15일에 시작해서 21일까지 이레 동안 계속되는 무교절을 지킨다. 이 모든 기간에는 누룩이 들어가지 않은 빵을 먹는다. 모든 가정이 유월절 전날 밤에 흠이 없는 1년 된 어린양을 통째로 구워서 쓴 나물과 함께 먹었다. 축제를 지키는 방식은 그것의 기원을 묘사하는 상황, 즉 이집트에서의 탈출을 생생하고 극적으로 회상하는데 초점을 맞추었다. 율법은 축제의 참여자들이 허리에 띠를 띠고, 발에 신을 신고, 손에 지팡이를 잡고서 출발할 준비를 한 채 서서 급히 먹도록 규정했다.[77] 축제가 종교적 교훈이나 훈련의 기회로 활용되는 방식을 보여주는 데는 유월절보다 더 적합한 게 없을 것이다.

"의식이 어느 정도 진행되면 유월절 식탁에 참석한 가장 어린 자녀가 일어나서 이 모든 의식의 의미는 무엇이고 그날 밤이 다른 날과 어떻게 다른지 공개적으로 질문하고, 아버지는 자녀가 이해할 수 있는 언어를 고려해서 아브라함의 부름부터 이집트에서의 구원과 율법이 주어질 때까지의 이스라엘 민족의 전체 역사를 들려주어야 했다."[78]

도덕

종교적 기초 예언자들은 야웨를 예배자들에게 일차적으로 정결한 마음과 올바른 삶을 요구하는 의로운 하나님으로 소개했다. 만군의 야웨는 성실하고 자비하고 정직하고 정결하라는 계명을 직접 전달했다. 개인의 도덕적 책임은 가족과 사회뿐 아니라 야웨와 관계가 있었다. 따라서 도덕과 종교는 서로 구분할 수 없었다. 일차적으로 의롭지 않으면 신앙을 갖는 게 불가능했다.

토착기에는 다른 모든 유형의 교육처럼 거의 모든 훈련 과정에서 도덕을 교육받았다.[79] 그런 훈련은 포로기 이후에도 결코 사라지지 않았다. 그럼에도 불구하고 유대인들은 더욱 더 책의 민족이 되어갔고, 글로 기록된 문헌은 종교뿐 아니라 도덕과 관습을 교육하는 방법으로 더욱 더 중요해졌다.

복종의 강조 일찍이 그토록 도덕적 교훈이 풍부하거나 그것을
아주 폭넓고 다양하게 적용할 수 있는 문헌을 다량으로 생산한 민족
은 없었다. 어린이들을 위해 기록된 초기와 후기 문서의 내용에는
도덕적 개념들이 교리적으로 진술되었다. 하지만 대부분의 후기 문
서에서는 원리들로 대체된다. 결국 구약성서는 어린이의 교육과 철
학자의 성찰을 위해서 원초적이면서 고도로 발달한 정신에 적합하
도록 동일하게 조정되었다. 부모에 대한 절대적인 순종은 아동기의
중요한 덕목으로 간주되었고 초창기는 물론 후대의 문서에도 그와
동일하게 제시되었다.

"네 부모를 공경하라 그리하면 네 하나님 여호와가
네게 준 땅에서 네 생명이 길리라"[80]

"주님을 두려워하는 사람은 아비를 공경하며
하인이 주인을 섬기듯이 자기 어버이를 섬길 것이다"[81]

"네 마음을 다하여 아비를 공경하고
너를 낳으실 때 겪은 어미의 고통을 잊지 말아라
네가 세상에 태어난 것은 부모님의 덕택임을 잊지 말아라
그들의 은덕을 네가 어떻게 무엇으로 갚을 수 있겠느냐?"[82]
자녀들은 나이든 부모를 존경하도록 각별히 지시를 받았다.

"너는 네 아비가 늙었을 때 잘 보살피고
그가 살아 있는 동안 슬프게 하지 말아라"[83]

"너를 낳은 아비에게 청종하고
네 늙은 어미를 경히 여기지 말지니라"[84]

유대 자녀들이 지속적으로 교육받은 도덕적 덕목은 오늘날 기독교 국가에 알려지고 인정을 받는 것들이었다. 그것들 가운데 일부는 잠언, 도덕적 개념, 시편이나 기도, 일부는 전기나 역사적 일화, 또 일부는 상징적 의식, 관습 그리고 이미 소개한 축제를 통해서 제시되었다. 그런 덕목들은 언제든지 "순서에 따라서 개념별로 교육된" 것을 염두에 둔다면 여기에서는 간단하게 거론하는 것만으로도 충분하다.

1. 복종	8. 순결	15. 온순함
2. 경외	9. 진실	16. 충성
3. 형제애	10. 근면	17. 성실
4. 자애	11. 절약	18. 끈기
5. 동정	12. 신중함	19. 자비
6. 환대	13. 애국심	
7. 절제	14. 인내	

예절

종교적 기초 예절(manners)은 종교와 도덕의 문제로 간주되었다. 이것은 노인 앞에서 젊은이는 자리에서 일어서라는 계명에 잘 드러나 있다. "너는 센 머리 앞에서 일어서고 노인의 얼굴을 공경하며 네 하나님을 경외하라 나는 여호와이니라"[85] 여기서 우리는 일상의 예의바른 행위를 하나님에 대한 경외와 연계하고 그 무엇보다 권위적이고 구속력 있는 신적 발언("나는 여호와이니라")이 뒤따르는 지시를 접하게 된다.

고대 히브리인들이 체계적으로 예절을 훈련했다는 기록은 전혀 남아있지 않다. 하지만 가정의 가부장적 체제, 어린이에게 부과한 암묵적 복종, 모든 연장자들에 대한 존경, 히브리인들이 삶의 모든 형태를 강조한 것을 감안하면 어린이 교육에서 예절훈련이 아주 중요한 부분을 차지했다고 믿을만한 충분한 근거가 된다. 이런 추론의 확실성은 성서에 포함된 예의바른 행위에 대한 다양한 교훈들의 확실한 지지를 받고 있다. 이런 교훈들 가운데 일부는 어떤 위대한 국민적 영웅의 행위와 상세하게 연결된 일화의 형식으로 제시되었다. 창세기 18장은 낯선 천사들을 즐겁게 하는 아브라함의 이야기로 포장한 환대에 관한 아름다운 교훈과 손님을 대하는 올바른 예의에 대한 상세한 가르침을 제공한다. 창세기 19장은 비슷한 교훈을 롯의 이야기와 연계해서 제시한다.[86] 다른 곳에 등장하는 예의에 관한 교훈들은 낯선 사람이나 노인에 대한 태도와 관련된 지침이나 훈계 형식으로 제공되었는데, 그것들은 일반적이거나 개별적인 사례에 대한 대화나 행위에 관한 주제들이었다. 이런 교훈들은 간단한 잠언부터 집회서의 식탁예절처럼 비교적 긴 내용에 이르기까지 길이가 다양하다.[87]

소박함·온순함·겸손 양육은 외적이고 구체적인 행위이지만, 바람직한 양육의 본질은 행위를 이끌어내고 지배하는 정신이다. 소박함, 온순함, 겸손, 관대함과 친절, 바람직한 양육의 특징, 그리고 아주 진심어린 예의의 기초는 신적 자비와 관심과 보상을 부르는 특징으로 거듭 제시된다. "여호와께서는 순진한 자를 지키시나니"[88] "온유한 자들은 땅을 차지하며"[89] "겸손한 자를 구원으로 아름답게 하심이로다"[90] "지극히 존귀하며 영원히 거하시며 거룩하다 이름하는 이가 이와 같이 말씀하시되 내가 높고 거룩한 곳에 있으며 또한 통회하고 마음이 겸손한 자와 함께 있나니 이는 겸손한 자의 영을 소생시키며 통회하는 자의 마음을 소생시키려 함이라"[91] "이 사람 모세는 온유함이 지면의 모든 사람보다 더하더라"[92]

천박함을 가장 확실하게 증명하는 자랑, 과시 그리고 자만심은 일화나 교훈을 통해서 비난을 받았다. "타인이 너를 칭찬하게 하고 네 입으로는 하지 말며 외인이 너를 칭찬하게 하고 네 입술로는 하지 말지니라"[93] "지혜로운 자는 그의 지혜를 자랑하지 말라 용사는 그의 용맹을 자랑하지 말라 부자는 그의 부함을 자랑하지 말라"[94] "스스로 지혜롭게 여기지 말지어다 여호와를 경외하며 악을 떠날지어다"[95] "미련한 자는 자기 행위를 바른 줄로 여기나 지혜로운 자는 권고를 듣느니라"[96]

대화·수다 수다와 수다쟁이는 멀리해야 했다. "말쟁이는 친한 벗을 이간하느니라"[97] 수다를 떨면 비난받고 말이 적으면 칭찬을 듣는다. "말이 많으면 허물을 면하기 어려우나 그 입술을 제어하는 자는 지혜가 있느니라"[98] "미련한 자는 당장 분노를 나타내거니와 슬기로운 자는 수욕을 참느니라"[99] "어리석은 자는 자기의 노를 다 드러내어도 지혜로운 자는 그것을 억제하느니라"[100] "죽고 사는 것이 혀의 힘에 달렸나니 혀를 쓰기 좋아하는 자는 혀의 열매를 먹으리라"[101]

대화의 주제 신랄하고 매서운 말대꾸는 피해야 했다. "유순한 대답은 분노를 쉬게 하여도 과격한 말은 노를 격동하느니라"[102] "북풍이 비를 일으킴 같이 참소하는 혀는 사람의 얼굴에 분을 일으키느니라"[103] 대화의 성격보다 화를 쉽게 유발할 뿐이다. 잠언에는 적절한 대화의 격려와 경솔하거나 그릇된 발언에 대한 비난의 사례가 자주 등장한다.

"온순한 혀는 곧 생명 나무이지만
패역한 혀는 마음을 상하게 하느니라"[104]

"경우에 합당한 말은
아로새긴 은 쟁반에 금 사과니라"[105]

"사연을 듣기 전에 대답하는 자는
미련하여 욕을 당하느니라"[106]

지혜, 의로움 그리고 야웨의 율법은 영원한 대화의 주제로 삼아야 한다.

"네 자녀에게…집에 앉았을 때에든지…이 말씀을 강론할 것이며"[107] "또 그것을 너희의 자녀에게 가르치며 집에 앉아 있을 때에든지, 길을 갈 때에든지, 누워 있을 때에든지, 일어날 때에든지 이 말씀을 강론하고"[108]

"나의 혀가 주의 의를 말하며
종일토록 주를 찬송하리이다"[109]

"의인의 입은 지혜로우며
그의 혀는 정의를 말하며"[110]

종교, 도덕 그리고 예절의 불가분성은 위에서 인용한 구절들에 종교적 교훈이 포함되어 있다고 해서 예절에 관한 논의에서 그것들을 배제할 수 없다는 사실을 굳이 지적할 필요가 없을 만큼 충분히 검토했다.

호기심　재치가 교양을 시험한다면, 호기심은 동일하게 천박함을 노출시킨다. 성서에서는 호기심을 무례함이나 불순종과 연결시킨다. 불가피하게 히브리인들은 아주 평범한 경험과 상황에 롯의 아내 이야기,[111] 그리고 벧세메스 사람들이 야웨의 궤를 들여다보는 바람에 5만 7십 명이 죽었다는 이야기에[112] 포함된 두려운 경고를 적용해야 했다.

식탁예절-과식　예의범절이 드러나는 가장 중요한 순간 가운데는 식사시간이 있다. 과식은 자신과 부모에 대한 수치로 낙인찍혔다. "음식을 탐하는 자와 사귀는 자는 아비를 욕되게 하는 자니라"[113] 성서에 제시되고 극찬을 받는 원리, 교훈 그리고 도덕적 특징을 식탁에서의 행동에 적용하면 특별한 명령이 따로 필요하지 않았을 것이다. 그럼에도 불구하고 벤 시라(Ben Sira)는 기사도를 다룬 책의 저자들처럼 식탁에서의 행동을 따로 규정해야 할 필요를 느꼈다. 그는 요즘 사람들에게는 흥미롭고 재미있는 다음의 구절들을 그대로 실천했다.

집회서의 식탁예절　"네 앞에 놓인 것만 점잖게 먹어라. 게걸스럽게 먹으면 남의 빈축을 산다. 예의바르게 먼저 숟가락을 놓아라. 포식을 하는 것은 실례가 된다. 여럿이 식사할 때에는 남보다 먼저 수저를 들지 말아라. 점잖은 사람은 너무 많이 먹지 않는다. 그러면 오히려 잘 때에 숨이 가쁘지 않다. 절제 있게 먹으면 잠도 잘 오고 상쾌한 기분으로 일찍 일어나게 된다. 포식한 자에게 돌아오는 것은 불면과 구토와 복통뿐이다. 만일 권에 못 이겨 억지로 많이 먹었거든, 자리를 빠져 나와 토하고 나서 좀 거닐어라, 가벼워질 것이다."[114]

이웃 "네 이웃에 대하여 거짓 증거하지 말라"는 명령이 아무리 중요해도 이웃을 대하는 히브리 관습의 시작에 불과할 뿐이다. 예수의 교훈[115]은 물론이고 레위기의 법전에 따르면 이방인과 이웃은 혈육을 대하는 것과 동일한 사랑으로 대해야 한다. "네 이웃 사랑하기를 네 자신과 같이 사랑하라"[116] 이웃들이 빌리러 찾아올 때 관대하게 맞아주어야 한다. "네게 있거든 이웃에게 이르기를 갔다가 다시 오라 내일 주겠노라 하지 말며"[117]

환대 환대는 종교적 의무이며 신적 보상의 원인이 된다. 주인의 자세한 행동은 앞서 언급한대로 아브라함[118]과 롯[119]이 낯선 천사를 대접하는 두 가지 이야기에 분명하면서도 아름답게 소개되어 있다. 천막 문에 앉았던 아브라함이 세 명의 사내를 보았다. 그는 그들을 맞으러 달려간다. 그는 몸을 땅에 굽혀 절하고서 더할 수 없는 예의를 갖추어서 자신의 손님이 되어달라고 간청한다. 아내 사라는 새로 빵을 굽고 향연이 마련된다. 그들이 떠나자 아브라함은 환대의 마지막 행위로서 그들을 "전송하러" 함께 나간다. 롯이 주인으로서 베푼 환대의 행위는 아브라함의 그것과 고의 동일하다. 아브라함은 아들을 약속하는 보상을 받는다. 롯은 소돔의 다른 주민들에게 닥친 파멸로부터 구원을 받는다.

주
footnote

1. 이 장을 비롯해서 이후의 장들에서 계속해서 거론되는 가정교육, 축제 그리고 소녀들의 교육과 같은 일부 주제들은 대부분 토착기에 해당한다. 이런 주제들에 대한 논의는 포로기 이후로 미루어두었다. 그보다 이른 시기에는 그런 것들에 관해서 활용할 수 있는 자료가 모호하거나 불확실하기 때문이다. 따라서 이 장에 소개된 자료의 상당 부분은 토착기와 역시 관련이 있다.

2. 시편 127편 3절-5절

3. Babylonian Talmud, "Tract Aboth," V, 끝부분. 로드킨슨 역본 (Rodkinson's translation), p. 133.

4. 이 장에 소개된 특별한 의식들 가운데 지지트와 테필린 항목을 볼 것.

6. Carl H. Cornill, The Culture of Ancient Israel, p. 87.

7. "그러나 이스라엘 자손에게는 사람에게나 짐승에게나 개 한 마리도

그 혀를 움직이지 아니하리니 여호와께서 애굽 사람과 이스라엘 사
이를 구별하는 줄을 너희가 알리라 하셨나니"(출애굽기 11장 21절)

8. 아브라함과 이삭, 입다와 딸 이야기, 그리고 몰록의 제사가 요시아
의 개혁시대(BC 621년)까지 유지되었다는 증거 때문에 이런 추론
이 정당해 보인다.

9. 집회서 3장 2절

10. 신명기 21장 20절

11. Carl H. Cornill, The Culture of Ancient Israel, p. 79.

12. 신명기 21장 21절

13. 신명기 4장 9절-10절

14. 출애굽기 12장 26절-27절

15. 여호수아 4장 21절-22절

16. 잠언 1장 8절

17. Carl H. Cornill, The Culture of Ancient Israel, p. 92.

18. "르무엘 왕이 말씀한 바 곧 그의 어머니가 그를 훈계한 잠언이라"
는 구절은 "맛사의 왕 르무엘의 말씀, 그의 어머니가 그에게 훈계
한 것"이라고 번역할 수도 있다(옮긴이). 여기에 등장하는 맛사
(Massa)는 이스라엘의 경계지역으로, 이스마엘 자손들의 본래 근
거지 가운데 한 곳인 두마(Dumah) 부근에 위치했다.

19. 집회서 30장 9절

20. 집회서 30장 10절

21. 집회서 7장 24절

22. 집회서 30장 8절

23. 집회서 30장 12절

24. 잠언 13장 24절

25. 잠언 19장 18절

26. 잠언 23장 13절

27. 집회서 7장 23절

28. 잠언 22장 6절

29. 엄격하게 말하면 네 개의 단계가 맞다. 다섯째 단계는 성인기에 해당한다.

30. "Tract Aboth," V, 끝부분. 로드킨슨 역본, p. 133.

31. Alfred Edersheim, In the Days of Christ, pp. 104-105에서 다음과 같이 시기를 구분한다. (1) 신생아(남자는 jeled, 여자는 jaldah), (2) 젖먹이 유아(joneh), (3) 모유와 이유기 유아(olel), (4) 이유기 유아(gamul), (5) '매달리는' 시기의 아동(taph), (6) '튼튼해지고 강해지는' 시기(남자는 elem, 여자는 almah), (7) 청소년(naar), (8) '성숙한' 시기(bachur)

32. 에스겔 16장 4절, 누가복음 2장 7절

33. 출애굽기 13장 12절 이하, 민수기 18장 15절

34. 창세기 17장 12절-14절

35. 창세기 16장 15절, 17장 19절, 누가복음 1장 59절, 2장 21절

36. 창세기 24장 32절, 사무엘상 1장 20절

37. I. J. Peritz, "Women in the Ancient Hebrew Cult," Journal of Biblical Lit., XVII, 130-131, 주 36.

38. 레위기 12장 1절-8절

39. 창세기 24장 59절, 열왕기하 1장 2절

40. 창세기 21장 7절

41. 제2마카비서 7장 27절, 그리고 사무엘상 1장 22절-24절 참조.

42. H. A. White, "Birth," Hasting's Bible Dictionary, I, 301a.

43. "Tract Aboth," V, 끝부분. 로드킨슨 역본, p. 133.

44. 누가복음 2장 42절

45. B. A. Hisdale, Jesus as a Teacher, p. 16.

46. 출애굽기 4장 24절-26절

47. H. P. Smith, Old Testament History, p. 67.

48. Cheyne and Black, "Circumcision," Biblical Encyclopedia.

49. 신명기 22장 12절

50. A. R. S. Kennedy, "Fringes," Hastings' Bible Dictionary, II, 68-70.

51. J. M. Casanowicz, "Arba Kanfot," Jewish Encyc., II, 75d.

52. William Rosenau, Jewish Ceremonial Institutions and Customs, pp. 59-60은 아주 탁월하게 실제 모습까지 소개한다.

53. 마태복음 23장 5절

54. Emil G. Hirsch, "Phylacteries, Critical View," Jewish Encyc., X, 28c.

55. K. Kohler, "Bar Mizwah," Jewish Encyc., II, 509b.

56. William Rosenau, Jewish Ceremonial Institutions and Customs, Chap. X, 149-154에는 현재 시행되고 있는 것에 대한 아주 탁월하고 명확한 설명이 담겨 있다.

57. William Rosenau, Jewish Ceremonial Institutions and Customs, Chap. X, 149-154. 여기에 소개된 내용은 대부분 현대적이다.

58. 소년들은 대개 12세나 13세에 학업을 끝마치고 직업의 세계에 들

어갔다. 아주 일부만이 서기관이나 랍비가 되기 위해서 상급학교에 진학했다.

59. 2장의 '교육내용' 가운데 '직업과 신체 훈련' 부분을 볼 것.

60. 탈무드에는 기술자 출신의 랍비들이 1백 명 이상 등장한다. 장사와 기술과 그것들에 탁월한 능력을 발휘한 랍비들의 명단을 확인하려면 F. J. Delitzsch, Jewish Artisan Life in the Time of Jesus, pp. 78-79 볼 것. J. D. Eisenstein, "Rabbi"에 관한 항목, Jewish Encys., X, 294d-295a.

61. Babylonian Talmud, "Tract Kiddushin," 30b.

62. 이 전체적인 부분은 2장의 '교육내용' 가운데 '직업과 신체 훈련'의 내용과 비교할 필요가 있다.

63. C. H. Cornill, The Culture of Ancient Israel, pp. 125-132. 자세한 설명은 역대기하 24장 26절-30절과 집회서 1장 15절-21절을 볼 것.

64. "요세푸스(Josephus, c. 37-100 AD)는 메주자의 사용이 오래되고 확실하게 자리 잡은 관습이라고 밝혀서(Ant., IV, p. 8, sec. 13) 그것의 오랜 역사를 입증했다." J. M. Casanowicz, "Mezuzah," Jewish Encyclopedia, VIII, 532a.

65. 신명기 6장 9절

66. 확실한 내용은 탈무드 시대에 해당하는 게 사실이지만, 이 관습은 훨씬 더 오래된 게 분명하다. Babylonian Talmud, "Succah," 42a.

67. 신명기 6장 4절

68. 창세기 2장 7절 이하

69. 창세기 11장 1절-9절

70. 창세기 1장 1절-2장 3절

71. 이런 추론은 마태복음 15장 36절과 사도행전 27장 35절과 같은 구절에 근거한다.

72. 이런 추론은 시편 55장 17절과 다니엘 6장 10절에 근거한다.

73. 탈무드 법에 따르면 어린이는 "식사를 끝마칠 때마다 기도를 하고 어떤 과일이든지 맛보기 전에 축복을 빌도록 아버지로부터 요구를 받았다." N. H. Imber, Education and the Talmud, Report of the U. S. Commissioner of Education, 1894-95, II, 1814d.

74. 5장의 '회당' 가운데 예배 순서와 비교할 것.

75. T. G. Soares, The Social Institutions and Ideals of the Bible, pp. 168-170.

76. Ibid., pp. 170-171.

77. 출애굽기 12장 11절

78. A. Edersheim, In the Days of Christ, p. 110; 출애굽기 12장 26절-27절과 출애굽기 13장 8절 참조.

79. 2장 도덕에 관한 항목 볼 것.

80. 출애굽기 20장 12절

81. 집회서 3장 7절

82. 집회서 7장 27절-28절

83. 집회서 3장 12절

84. 잠언 23장 22절; 집회서 3장 1절-16절은 특히 흥미롭다.

85. 레위기 19장 32절

86. 아브라함의 예의바른 태도에 대한 요약은 다음의 '환대' 부분을 볼 것.

87. 다음의 세부적인 내용을 볼 것.

88. 시편 116편 6절

89. 시편 37편 11절

90. 시편 149편 4절

91. 이사야 57장 15절

92. 민수기 12장 3절

93. 잠언 27장 2절

94. 예레미야 9장 23절

95. 잠언 3장 7절

96. 잠언 12장 15절

97. 잠언 16장 28절

98. 잠언 10장 19절

99. 잠언 12장 16절

100. 잠언 29장 11절

101. 잠언 18장 21절

102. 잠언 15장 1절

103. 잠언 25장 23절

104. 잠언 15장 4절

105. 잠언 25장 11절

106. 잠언 18장 13절

107. 신명기 6장 7절

108. 신명기 11장 19절

109. 시편 35편 28절

110. 시편 37장 30절

111. 창세기 19장 26절

112. 사무엘상 6장 19절

113. 잠언 28장 7절

114. 집회서 31장 16절-21절

115. 누가복음 10장 29절-37절

116. 레위기 19장 18절

117. 잠언 3장 28절

118. 창세기 18장 3절-18절

119. 창세기 19장

포로기 이후의 학교와 사회에서의 교육

V 포로기 이후의 학교와 사회에서의 교육

"지혜가 제일이니 지혜를 얻으라 네가 얻은 모든 것을 가지고 명철을 얻을지니라" _ 잠언 4장 7절

"여호와를 경외하는 것이 지혜의 근본이요 거룩하신 자를 아는 것이 명철이니라" _ 잠언 9장 10절

"여호와의 율법은 완전하여…여호와의 교훈은 정직하여…여호와를 경외하는 도는 정결하여…금 곧 많은 순금보다 더 사모할 것이며 _ 시편 19장 7절-10절

"토라에 대한 사랑과 같은 사랑은 있을 수 없다. 토라의 내용은 값비싼 옷처럼 얻기가 쉽지 않고, 모직처럼 쉽게 사라진다." _ 「바빌로니아 탈무드」, "랍비 나단의 글 아보스," 28장, 서론(로드킨슨 역본, p. 97)

∙
∙
∙

위대한 정치권력에 대한 과거의 기대가 시들해지면서 종교를 보존해서 민족을 지키려는 새로운 희망이 생겨났다. 이것을 가능하게 하는 유일한 방법은 교육밖에 없었다.

제사법전은 제사장들에게 최고의 종교적 권위뿐 아니라 최고의 정치적 권위까지 부여했다. 그들이 제2성전과 관련해서 체계화된 정치 및 행정 업무와 정교한 예배 체제에 몰두하면서 이전의 교육적 기능은 새롭게 등장한 서기관이라는 일반 계급에게 점차 대부분 양도되었다. 성전과 제사장들은 교육의 상황에서 언제나 중요한 요인이었지만, 상황이 바뀌어서 회당이 사람들의 기도의 집, 회합의 장소 그리고 교육의 집이 되었다.

가정은 포로기 이전 시대처럼 늘 기본적인 교육기관이었고, 그리고 부모는 자녀가 처음 만나는 교사였지만, 회당과 관련해서 초등학교들이 서서히 등장하기 시작해서 가정의 교육적 부담을 상당부분 덜어주었다. 결국 시몬 벤 셰탁(Simon ben Shetach, c. 65 BC)과 요수아 벤 가말라(Joshua ben Gamala, c. 64 BC)라는 유명한 두 교육자의 개혁에 따른 결과로 초등교육이 보편적이면서 의무적으로 바뀌게 되었다. 초등학교 이외에도 수준 높은 율법을 공부할 수 있는 기회를 제공할 목적으로 고등교육 기관이 설립되었다.

소녀와 여성에게는 학교가 전혀 제공되지 않았다. 그들을 위한 교육은 늘 철저하게 가정에 국한되었고 거의 전적으로 가정에서 이루어졌다.

| 교육적 특징과 경향 |

교육에 대한 열정 속국으로 전락한 유다의 종교 지도자들은 북왕국 지파들의 소멸을 경고로 삼아서 작은 나라의 국민을 동일한 운명에서 구하는 일에 착수했다. 국가 및 정치의 독립과 위대함에 대한 과거의 희망이 시들해지자 종교를 보존해서 민족을 지키려는 새로운 희망이 생겨났다. 이 목적을 달성할 수 있는 유일한 길은 보편교육(universal education)이었다. 교육에 대한 열정은 중요한 세 가지 믿음 때문에 한층 더 촉진되었다. (1) 야웨와 율법에 성실하지 않아서 국가적 재앙이라는 심판을 받았다는 믿음,[1] (2) 야웨의 법을 지키면 또다시 국가가 번성할 수 있다는 믿음, (3) 신적으로 주어진 유다

의 사명은 세계 각국에 야웨를 진정으로 유일한 신으로 알리는 것이라는 믿음. 교육적 열정은 교육을 체계화하고 제도화하는 지속적인 경향을 낳았다. 이와 같은 체계화와 조직화 과정에서 다음의 다섯 가지 움직임이 중요한 구실을 했다. (1) 모든 삶을 규정하는 완벽한 법전(제사법전)의 개발, (2) 제사법전의 공식적인 채택, 그리고 그것의 준수를 통한 유다 민족 전체의 결속 및 그에 따른 율법 지식의 필요, (3) 잠언과 집회서처럼 특별히 교재로 집필된 작품을 비롯한 구두 및 문자화된 거룩한 문헌들의 급속한 증가, (4) 서기관 조직의 교직조합 결성, (5) 초등 및 상급학교의 등장.

포로기 이후 삶과 교육에서의 종교와 도덕의 위치 이 장을 시작하면서 인용한 구절은 바빌로니아 포로기 이후에 야웨의 율법인 토라를 무엇보다 중시했다는 것을 보여준다. 이렇게 우월한 입장은 점진적으로 확보되었다. 초창기 히브리인들의 삶에서 종교는 아주 중요한 것이기는 하지만 삶과 교육에 있어서 여러 가지 관심사들 가운데 하나에 불과했다. 그렇지만 야웨의 관점, 그리고 그의 능력과 나라가 점차 확대되었다. 야웨는 종교는 물론이고 도시와 정치를 포함한 모든 기관과 국가의 창시자로 간주되었다. 그는 범죄와 도덕과 종교를 아우르는 모든 법률과 모든 제도의 저자로 받아들여졌다. 율법, 달리 말하자면 종교와 도덕은 가정과 학교에서 일차적인 관심사와 대표적인 학문, 그리고 공적 및 사적 삶에서 아주 중대한 요인이 되었다. 역사상 시몬 벤 셰탁의 아들에 얽힌 일화보다 이상에 대한 헌신을 보여주는 비극적 사례는 찾아볼 수 없을 것 같다. 그 어느 사건도 경건한 유대인들이 진심으로 율법에 부여하는 최고의 지위를 제대로 보여주지 못한다. 그레츠(Heinrich Graetz)는 그 일화를 다음과 같이 소개한다.

"시몬 벤 셰탁은 아주 엄격해서 반대자들이 엄청난 보복을 결심할 만큼 증오의 대상이 되었다. 그들은 두 명의 거짓 증인을 내세워서 그의 아들을 사형에 해당하는 범죄자로 고발했고, 그렇게 해서 실제로 사형 판결이 내려졌다. 처형장으로 가는 길에 젊은이는 강력하게 무죄를 주장했고, 결국에는 증인들의 마음이 움직여서 거짓을 고백했다. 그런데 재판관들이 석방하려고 하자 죄수는 재판관들의 율법 위반을 지적하면서 이전의 증언을 철회한 증인들을 신뢰해서는 안 된다고 주장했다. 유죄판결을 받은 젊은이가 아버지에게 말했다. '만일 이스라엘의 구원이 아버지의 손에 달려 있다면, 그냥 저를 거리낌 없이 지나다니는 문턱정도로 여겨주십시오.' 아버지와 아들 모두 자신들에게 맡겨진 중대한 임무, 즉 율법을 온전하게 보전하는 것의 가치를 직접 입증했다. 율법의 유지를 위해서 한 사람은 자신의 목숨을 희생하고, 또 다른 사람은 아버지의 사랑을 희생했다. 유대인의 브루투스였던 시므온은 재판관들과 마찬가지로 아들의 무죄를 확신하면서도 법을 그대로 따랐다."[2]

포로기 이후의 이상적 존재, 서기관 토착기의 교육적 이상 (ideal)은 지성, 도덕 그리고 종교와 함께 개인의 신체적, 미적 그리고 직업적 측면까지 고려했다. 포로기 이후의 교육적 이상은 율법에 능숙하고 순종적인 서기관이었다.[3] 그런 순종은 야웨로의 완벽한 구별을 의미했고 야웨와 관련이 없는 일체의 임무나 활동과 무관했다. 포로기에 진행된 율법의 급격한 발전, 다양한 법해석과 판례는 학자가 되려고 하는 모든 이들에게 여가를 전제조건으로 만들었고 율법을 배우는 학생들이 달리 관심을 가질 수 있는 시간을 거의 용납하지 않았다.[4] 그리스와 헬라화된 로마의 놀라운 유산을 아주 가까이 접할 수 있었음에도 불구하고 보수적인 유대인들은 이교도 정복자들의 신체적, 미적, 지적 관심에 줄곧 무관심했을 뿐 아니라 자신들이 운영하는 학교와 목표에서 아주 조심스럽게 배제했다. 이것이 편협해 보일수도 있지만, 유대인을 이교와 혼합과 망각에서 구할 수 있는 다른 방법이 있었는지는 의심스럽다.

운동-그리스의 영향 포로기 이전 시대를 규정하는 히브리인들의 타고난 관심들이 자유롭게 발전했다면 히브리인들 사이에서의 운동은 전혀 다른 역사를 갖게 되었을 것이다. 지속적으로 증가하는 거룩한 문헌에 정통하도록 유대인 각자에게 맡겨진 엄숙한 임무 덕분에 다른 것에 관심을 가질 여유가 거의 없었다. 안티오쿠스 에피파네스 4세(BC 175-164 재위)[5]로부터 대제사장의 자리를 사들였던 야손(Jason)[6]이 예루살렘 요새 바로 밑에 그리스식 체육관을 건설한 것은 분명하다.[7] 뿐만 아니라 "상당수의 제사장들이 경기장에 지정석을 보유했고,"[8] 그리고 "대제사장은 헤라클레스에게 제사를 지내도록 두로에 3백 드라크마를 보내기까지 했다."[9] 그럼에도 불구하고 보수적인 유대인들은 그리스의 운동시합을 혐오했고, 유대 교육에 신체적 훈련을 도입하는 것과는 거리가 먼 그리스식 체육관의 건립으로 운동을 이교와 동일시하게 됨으로써 적대감을 갖게 되었다.[10]

| 누가 가르쳤을까 |

외국의 영향을 받는 동안에 교육은 대부분 남성의 특권으로 간주되었다. 회당과 성전, 그리고 일부 축제를 제외하고 가정은 소녀들과 여성에게 훈련과 교육을 제공하는 유일한 기관이었다. 학교들은 모두 소년들의 몫이었고 교사들은 예외 없이 남성이었다.

| 교사들: 교사로서의 제사장과 예언자의 쇠퇴 |

포로생활을 끝내고 귀환한 이후 예루살렘이 복구되자 제사장들의 정치적 비중 역시 증가했다는 것을 이미 언급한 바 있다. 숫자가 늘어나는 만큼 부와 권력도 함께 강화되었다. 이 거대한 집단이 의식이나 예식에 언제나 능동적으로 참여하는 것은 더 이상 불가능했다. 따라서 그들은 24개의 과정이나 가족들로 분류되었다. 과정이 반복될 때마다 한 주씩 돌아가면서 참여하되 안식일 저녁 제사를 진행하는 것으로 임무를 시작했다. 절차를 세밀하게 규정한 방대한 제사법전의 존재는 과거에 제사장과 예언자가 전수하던 교육방식을 대체했다. 이제는 기존의 법률을 전달하고 해석하는 임무를 맡고 있는 일반 교사들이 그 기능을 담당했다. 이 사실은 숫자가 증가하고, 성전의식이 복잡해지고 정교화 되고, 제사장들의 정치 및 행적 활동이 확대된 것에 힘입어서 교육적 역할 대부분이 제사장과 예언자로부터 새롭게 등장한 교육집단인 소페림(Soferim), 또는 서기관들에게 점차 이전되었다.

그렇지만 제사장이 전혀 가르치지 않았다고 생각해서는 안 된다. 소페림이 율법의 교사가 된 것은 사실이지만, 제사장들은 여전히 예배의 형식을 빌어서 사람들의 위대한 교사 역할을 계속했다. 이뿐만 아니라 일부 제사장들은 유명한 서기관이기도 했는데, 이런 능력 덕분에 율법의 교사로 불리기도 했다.

소페림, 또는 서기관들

기원 앞서 확인한 바대로 오래 전부터 제사장, 예언자, 비서 등은 글쓰기 기술을 익혀서 활용했다. 포로기의 르네상스를 거치면서 문학작품이 급속하게 증가한 과정 역시 확인했다. 소페림의 본래 의미는 "글 쓰는 법을 아는 사람들"이다.[11] 따라서 그 용어는 재판정의 기록자나 궁중의 비서에 활용되었다. 글 쓰는 능력이 일반적으로 교육을 받았거나 학식을 갖춘 사람으로 받아들여졌기 때문에 그 용어는 지혜로운 사람을 가리키게 되었다(역대상 27장 32절).

제사장이면서 서기관이었던 에스라의 지도력 덕분에 유대 사회가 회복되자 문서화된 율법을 준수하는 것과 결합되었다.[12] 율법을 지켜야 한다면 반드시 알고 이해해야 했다. 거기에는 반드시 교사와 해석자가 필요했다. 하지만 율법은 고대 히브리어로 기록되어서 대부분 아람어나 그리스어를 사용하는 대중들은 거의 알 수 없었다. 이런 상황 덕분에 본래의 히브리어로 성서를 읽고 사람들에게 해석할 수 있는 이들이 특별한 교사 계층을 형성하게 되었다. 결국 소페림은 에스라의 시대부터 의인 시므온(Simeon the Just)의 시대(알렉산더 대왕과 동시대 인물)까지 이 거대한 교사들의 집단을 따로 가리키는데 활용되었다. 의인 시므온 이후로 교사들은 거기서 더 나

가서 "장로들," 즉 제케님(zekenim)과 나중에는 "지혜로운 사람들"이라는 하카밈(hakhamim)이라고 불리게 되었지만, 소페림은 이따금씩 경칭어로 사용되기도 했다. 훨씬 뒤에 소페림은 "어린이들의 교사들"과 동의어가 되었다. 상황이 더욱 안정을 찾아가자 유다 전역에서 서기관들은 가장 외딴 지역으로 흩어졌다. 이윽고 강력한 서기관 조합이 구성되어서 모든 교사들이 참여했고, 그렇게 해서 교사직을 독점하게 되었다. 기록자의 시대에는 세 가지 유형의 교사들이 등장한다. (1) 하잔(Hazzan) 또는 초등학교 교사, (2) 서기관, (3) 지혜자.[13]

이상적인 서기관 BC 2세기 초반에 왕성하게 활동했던 예수스 벤 시라(Jesus ben Sira)[14]가 기록한 다음의 내용은 그 시대로부터 우리에게 전해진 이상적인 서기관을 가장 완벽하게 묘사하고 있다. 시라 덕분에 공부와 직업의 세계가 확실하게 분리되었지만, 육체 노동을 무시하는 그의 태도를 보편적인 태도로 간주하면 안 된다.

예수스 벤 시라의 서기관이 누리는 영광에 관하여
(집회서 38장 24절–39장 11절)

"학자가 지혜를 쌓으려면 여가를 가져야 한다. 사람은 하는 일이 적어야 현명해진다.
쟁기를 잡고 막대기를 휘두르며 소를 모는 데 여념이 없고, 송아지 이야기밖에 할 줄 모르는 농부가 어떻게 현명해질 수 있으랴? 그의 머릿속에는 이랑을 짓는 생각으로 가득 차있고, 저녁에는 암소에게 먹이 주는 일로 시간을 다 보낸다.

모든 직공과 기술자는 물론, 주야로 일만 하는 자들은 모두 마찬가지다. 도장을 새기는 사람은 새로운 도형을 만드는데 열중하고 그 도형과 똑같은 것을 파느라고 부심하며 일을 완성하려고 밤을 새운다.

마찬가지로 대장장이는 모루 옆에 앉아서 이 쇠로 무엇을 만들까를 생각한다. 그의 살은 불길에 화끈 달아, 뜨거운 화롯불과 맞싸우듯 한다. 망치소리에 고막이 터질 듯하고 그의 눈은 모형을 노려본다. 일을 잘 마치려고 심혈을 기울이고 완성품을 내기까지 밤을 새운다.

또 옹기장이는 일터에 앉아서 자기 발로 풀무를 돌리며, 생각은 항상 자기 작품에 집중돼 있고 동작 하나하나를 신중하게 한다. 손으로 진흙을 빚으며 발로 반죽을 갠다. 그릇에 윤을 잘 내려고 온 정성을 기울이며 가마를 깨끗이 하느라고 밤을 새운다.

이 사람들은 모두 자기 손재주에 자신을 갖고 있으며, 저마다 자기 일의 특기를 지니고 있다.

이런 사람들이 없이는 도시를 건설할 수가 없고 거주민도 없을 것이고 여행자도 없을 것이다. 그러나 그들은 시의회에 불리지도 않으며 공중집회에서 윗자리를 차지하지도 않는다. 그들은 재판관자리에 앉지도 않으며 법률을 잘 알지도 못한다. 그들의 교양이나 판단력은 출중하지 못하고 격언을 만드는 사람들 축에 끼지도 못하지만, 그들 때문에 이 세상은 날로 새롭게 되고 지탱이 된다. 그리고 그들은 오직 자기들의 하는 일이 잘되기를 빌 뿐이다.

그러나 온 정력과 정신을 기울여 지극히 높으신 분의 율법을 연구하는 사람은 다르다. 그들은 옛 성현들의 지혜를 탐구하고 예언을 연구하는 데 자기 시간을 바친다. 그는 유명한 사람들의 말을 보전하고 비유의 깊은 뜻을 파고든다.

그는 격언의 숨은 뜻을 연구하고 난해한 비유를 푸는 데 흥미를 느낀다.

그는 벼슬에 올라 군주들을 섬기고 통치자들 사이에서 중책을 맡는다. 외국을 두루 여행하며 인간사회의 좋은 것과 나쁜 것을 체험으로 안다.

아침에 일어나면서 마음을 모아 창조주이신 주님께 생각을 돌리고 지극히 높으신 분께 온 마음을 바친다. 입을 열면 기도요, 자기 죄의 용서를 빈다.

…

그는 배운 지식을 밝히 가르칠 것이며 주님의 계약인 율법을 빛낼 것이다.

…

그가 장수하면 그의 이름은 천 명의 이름보다 더 영광된 것이요 만일 일찍 죽는다 해도 한이 없을 것이다."[15]

교육사업 소페림은 자신들의 업무를 거룩하게 간주했다. 야웨가 율법을 전달하는 성스런 임무를 자신들에게 직접 위임했다고 믿었다. 사실 그들은 문학과 교육 활동으로 종교 사상과 교육을 거의 완벽하게 통제하게 되었다. 그들은 대중을 위해서 율법을 해석했다. 교육의 기초가 되는 본문을 제공했다. 초등학교와 최고 과정의 학교를 설립했다. 대중을 가르치고 제자들을 선발했다. 탈무드의 기록처럼 "많은 제자들을 양육하는 게" 그들의 임무였다("Tract Aboth," I, 2). 공중예배에서는 포로기 이후의 대중들이 거의 알지 못하는 언어로 기록된 성서를 일반인의 언어로 번역해주었다. 그들은 교육과 삶을 통해서 당시의 새로운 교육과 종교의 이상, 즉 유대교(Judaism)를 대표했다. 그들이 운영하는 학교에서 나중에 탈무드로 발전한 구비문학이 발생했다.

결함과 단점 소페림이 순수한 의도로 율법을 상황의 변화에 맞추려고 노력했음에도 불구하고, 새로운 시도와 진행과정은 얼마 지나지 않아서 부담으로 바뀌었다. 불가능하지는 않더라도 극단적으로 어려운 다량의 전통과 관례 때문이었다. 그들의 율법주의적 견해 덕분에 세부적인 내용에 과도하게 기술적으로 집착하다가 커다란 원칙들을 놓칠 때가 많았다. 정치적, 사회적 및 종교적 삶은 전통과 법률과 사소한 규정이라는 성가신 제도의 지배를 받게 되고, 정신과 기본적인 원리 대신에 외적인 형식이 관심과 주목의 대상이 되었다. [16)]

랍비들

처음에는 노동자 집단의 지도자, 심지어는 사형집행인의 우두머리까지 랍비(문자적으로는 "나의 주인")라고 불렀다. 랍비는 직조공의 우두머리(탈무드, "Tract Abodah Zarah"), 그리고 검투사의 우두머리에게도 사용되었다(탈무드, "Tract Baba Mezia," 84a). 대개는 교사에게 사용되었지만, 그렇다고 해서 랍비들이 설교나 교육에 모두 관여하지는 않았다. 예수 시대 이후까지 교사의 칭호로 확실하게 사용되지 않은 게 분명했다. [17)]

페루심, 또는 바리새파

기원·특징들 BC 2세기 후반에 유대인들 사이에서는 페루심

(Perushim) 또는 바리새파(Pharisees), 그리고 제두킴(Zedukim) 또는 사두개파(Sadducees)라는 두 개의 중요한 종파, 또는 당파가 부각되었다.[18] 페루심 또는 분리주의자들은 에스라 시대보다 더 오래된 흐름의 새로운 대변인에 불과했다. 이런 흐름은 야웨의 율법을 개인과 민족의 일차적인 생활 목표로 철저하게 준수하려는 일부 유대인들의 가장 오래된 충동에 기원을 두고 있었다. 그들은 유대인들이 외국의 새로운 문화와 완벽하게 거리를 유지하고 유대인들을 독특하고 특별한 민족으로 만든 유대인 방식의 삶의 요소와 관습을 강조할 때 이것을 달성할 수 있다고 생각했다. 그들은 "종교를 기준으로 모든 정치적 사업, 모든 공적 거래, 모든 국가적 시책을 수행하도록 주장했다."[19] 이런 두 가지 입장 때문에 그들은 사두개파의 반발을 샀다. 바리새파는 서기관들의 구전 율법과 모세오경에 등장하지 않는 다양한 믿음들, 가령 부활 교리와 천사의 존재나 미래의 보상과 심판에 대한 믿음을 선호하는 자신들의 영향력을 인정하면서도 배격하는 제두킴 또는 사두개파와 한층 더 달랐다.

누구보다 탁월한 상당수의 서기관들이 페루심이었지만, 페루심은 결코 교사집단이 아니었다. 오히려 그들은 종교의 종파나 당파를 형성해서 직업이나 계급과 무관하게 사람들을 받아들였다. 그들의 교육적 중요성은 유대교의 근거와 소페림의 교훈과 교육적 노력을 지원한 것에서 비롯되었다.

| 교육기관들 : 보편교육의 발생 |

민족을 보존하기 위한 보편적인 의무교육은 현대 세계에 친숙한 일종의 국가정책이다. 팔레스타인의 유대인들 사이에서 이 정책이 점진적으로 발전한 것은 BC 6세기 유대인 사회의 회복부터 70년 유다 멸망까지의 교육사에서 가장 흥미롭고 중대한 특징이다. 이 정책은 개별적이면서도 구분할 수 없는 두 개의 운동 때문에 가능했다. 첫째는 직업적 교사계급의 진화, 그리고 둘째는 교육기관의 발생이었다. 토착기나 포로기 이전에는 학교가 존재하지 않았지만, 외국의 영향을 받던 시기에는 세 가지 유형의 교육기관들이 등장했다. 그것들은 (1) 회당, (2) 소년을 위한 초등학교. (3) 서기관들(또는 고등) 학교였다.

보편교육의 정책이 등장하게 된 가장 중요한 단계들은 다음과 같이 설명할 수 있다. (1) 공식적인 거룩한 정경의 채택과 야웨의 율법을 보존하기 위한 엄숙한 계약, (2) 회당의 등장과 점진적 확산을 통한 보편적 교육 기회의 제공, (3) 초등학교의 등장(자발적 참석), (4) BC 70년, 16세 이상의 고아 소년들의 의무교육을 규정하는 (시몬 벤 셰탁의) 법령, (5) 64년, 대제사장 요수아 벤 가말라의 포고령에 따른 소년의 의무 초등교육.

회당

기원과 확산 회당(synagogue)과 관련된 유대인 전통은 모세 시대로 거슬러 올라간다. 제2성전의 마지막 세기까지도 확실하게 거론되지 않았음에도 불구하고 오랫동안 존속하고, 보편적이고, 유대인 삶의 중심이 되는 기관이었다.[20] 회당은 포로기에 발생한 것으로 보인다. 희생제물은 예루살렘에서만 바칠 수 있었지만, 기도와 율법 공부는 장소에 구애를 받지 않았다. 이미 포로기 이전 시대부터[21] 휴식의 날로 지켜진 안식일은 여가와 공부에 필요한 기회를 제공했다. 예배와 공부를 위해서 안식일에 모이는 풍습은 바빌로니아에서 출현한 것으로 보이는데, 그곳으로부터 예루살렘으로 되가져와서 회당으로 제도화되었다. 예루살렘이 복원된 뒤에 회당은 유다 전역과 유대인 세계 전체로 확산되었다.[22]

일반적 특징과 목적 회당이라는 용어는 본디 집회에 사용하다가 세월이 흐르면서 집회 건물의 이름이 되었다. "교회"라는 명칭이 한 무리의 사람들로부터 그들이 점유한 건물에 양도된 것과 비슷한 경우다. 집회 공간, 법정 그리고 죄인을 매질하는 장소로 사용되기도 했지만 회당은 늘 교육과 예배를 위한 건물이었다. 독립적인 건물을 건축하기에는 인원이 너무 적거나 가난한 공동체는 특정 건물의 방 하나를 그런 목적에 할애할 수 있었다. 회당으로 건축된 건물 내부는 대개 둥글거나 직각이었다.[23] 중앙을 지나면 베마(bema) 또는 단상이 높게 자리했다.[24] 그 중앙에는 설교단이 있었다. 더 뒤쪽에는 두루마리 성서를 보관하는 상자인 "법궤"가 있었다.[25] 회당에서 진행되는 종교의식에서 예배와 교육이 결합되는 방식은 예배순서에서 확인할 수 있다.

예배순서 회당의 예배는 안식일에 두 차례씩 열렸다. 축제와 금식일, 주마다 시장이 열리는 이틀, 즉 월요일과 목요일에도 그랬다.[26] 예배는 날이나 시간에 따라서 일부 달라지기도 했지만,[27] 순서는 대개 동일했다. 안식일 아침 예배를 분석하면 두 부분으로 구성되었다는 것을 알 수 있다. 하나는 예전이고, 또 다른 하나는 교육이었다. 예전 부분은 성인 남성 전체가 쉐마(Shema)[27]를 암송하고, 그 앞뒤 상황에 따라서 지명된 사람이 "축복기도," 즉 기도나 찬양[27]을 몇 차례 암송하면 회중이 간단히 "아멘"[28]으로 응답하는 방식으로 진행된다. 쉐마는 흔히 국가적 신조 또는 신앙고백으로 알려져 있다.[27] 그것은 세 종류의 성서본문으로 구성되어 있다(신명기 6장 4절-9절, 신명기 11장 13절-21절, 민수기 15장 37절-41절). 쉐마는 이렇게 시작된다. "이스라엘아 들으라 우리 하나님 여호와는 오직 유일한 여호와이시니" 이 구절은 영역본 성서(American Revised Version)의 난외주에 다양한 번역들이 소개될 정도로 번역이 쉽지 않다. 그 명칭은 맨 앞에 있는 "들으라"는 뜻의 히브리어 쉐마에서 유래했다. 예배의 예전 부분은 예배와 경건생활에 대해서 주당 사흘이나 그 이상 동안 일정하게 체계적인 훈련을 제공했다. 교육 부분은 율법을 읽고서 그날에 할당된 예언서 구절들을 읽는 것으로 구성되었는데, 낭독자의 곁에 서있는 통역자(meturgeman)가 곧장 그 내용을 옮겼다.[29]

아람어나 그리스어를 사용하는 대중에게 민족의 문학을 본래의 언어로 읽게 만든 관습이 갖는 교육적 의의를 논하는 것은 무의미하다. 모세오경은 아주 세분화되어서 3년 내지 3년 반에 걸쳐서 읽었다.[30] 하루에 읽는 부분은 최소한 7명이 각각 세 구절을 넘지 않게 읽을 수 있도록 세분화되었다.[30] 율법서는 한 구절씩 읽으면서 번역했다. 예언서는 세 개의 구절을 일일이 읽고서 번역했다.[31]

회당 예배는 공동체에 속한 남성과 여성, 그리고 어린이 모두에게 예배의 훈련과 성서의 구전 교육을 제공했다. 아울러서 모든 남성과 어린이로 하여금 민족의 문학을 진지하게 학습하도록 자극했다. 남자는 누구든지, 심지어 미성년자까지 낭독자나 통역자로 참여할 수 있었고,[32] 그런 직무에 참가하는 것에 대해서 대중들이 자부심을 부여해서 모두가 경건한 동기를 갖게 만들었다. 덕분에 자격 있는 이들이 능동적으로 예배에 참여할 수 있는 다양한 기회를 가질 수 있었다. 게다가 상황에 따라서 특별히 지명된 개인이 예배의 예전 부분을 거의 모두 차지하는 축복기도나 기도[33]의 암송을 인도하면 회중은 간단히 "아멘"[33]으로 응답했다. 끝으로 성서를 읽고 나서 데라샤(derashah), 즉 그날의 일과나 내용 가운데 일부를 설명하는 연설이나 강해가 있었다.[34] 우리는 여기서 한편으로는 대중에게 교육을 제공하고, 또 다른 한편으로는 성실한 연구를 장려할 목적으로 학자라면 누구든지 다르샨(darshan) 또는 강해자의 역할을 맡기는 풍습을 또다시 접하게 된다. 회당에서 예배와 교육, 즉 대중을 교육하는 동시에 여유와 능력 있는 이들을 학문적으로 자극하는 방식은 다음의 개략적인 안식일 아침 예배순서를[35] 통해 확인할 수 있다.

회당 예배 순서(안식일 아침)

1부 예전 또는 의식

I. 설교단의 기도[36]
　　1. 두 번의 "축복기도들"
　　2. 쉐마(모든 성인 남자들이 암송)

3. 한 번의 "축복기도"

II . "법궤" 앞에서의 기도[36)
    4. 다양한 "축복기도"
        초기에는 12회, 후기에는 18회나 19회에 달할 만큼 횟수
        가 아주 다양했다.[37)
    5. 제사장의 축복기도(민수기 6장 23절-24절)[38)
        가능하면 아론의 후손, 그렇지 않으면 기도를 주도하는
        이들이 암송했다.[38)

2부 교육

I . 성서일과
    1. 첫째 낭독자의 "축복기도"[39)
    2. 율법서에서 선별한 내용의 낭독과 번역
    3. 예언서에서 선별한 내용의 낭독과 번역
    4. 마지막 낭독자의 "축복기도"[39)
II . 주석 또는 데라샤

교육적 의의   회당은 포로기 이후 교육기관들 가운데 가장 오래
되고, 가장 광범위하고 그리고 가장 오래 지속되었다. 남성과 여성
모두에게 체계적인 교육을 제공한 최초의 기관이었다. 서기관 학교
와 초등학교의 모체였다. 거기서 유래된 운동이 보편교육으로 이어
졌다. 회당과 서기관들의 영향으로 모든 유대인들이 율법을 공부하

게 되었고, 그렇게 해서 율법은 모든 학문들 가운데 무엇보다 존경을 받고 종교 및 지적 관심의 중심을 차지하게 되었다.

초등학교

기원과 확산 안식일과 축제 때 회당을 교육의 장소로 활용하는 것에서 부모가 허락한 소년들을 가르치는 장소로 매일 사용하는 것은 하나의 단계에 불과했다. 학교는 바빌로니아 성전들의 공통된 특징이었고, 그래서 회당이 포로기에 발생했다면 이 시기에 등장한 초등학교 역시 회당의 부속되었을 것이다. 반면에 포로기 이후에 회당이 등장했다면 그것은 결코 차용한 기관이 아니라 유대인들의 구원이 율법을 알고 보존하는 유대인 전체에게 달려있다는 확신이 강력해진 데 따른 결과일 뿐이다.[40]

학교들이 보편화 된 최초의 시기는 여전히 논란거리다. 1세기 전반에 교사들과 학교들이 얼마나 일반적이었는지는 다음의 신약 성서 구절들에 드러나 있다. "갈릴리의 각 마을과 유대와 예루살렘에서 온 바리새인과 율법교사들이 앉았는데"(누가복음 5장 17절) 64년 가말라가 공표한 법령[41]은 마을마다 한 개 이상의 초등학교를 설립하도록 요구했다. 초등학교는 늘 회당 자체나 회당에 부속된 어떤 방이나 교사의 집에 자리를 잡았다.[42] 대부분이 동의하듯이 BC 1세기에 교사와 회당이 팔레스타인 지역에 실제로 보편적이었다면, 이 시기의 초등교육이 의무적이었는지의 여부와 무관하게 초등학교는 아주 광범위하게 산재해 있었고, 어쩌면 실제로 보편적이었다고 결론을 내려도 타당할 것 같다. 더구나 셰탁의 주장을 인정할 경우에, 그리고 일각의 주장처럼 그의 법령이 기존의 학교들을 지칭한다면 초등학교가 BC 1세기보다 훨씬 일찍부터 전체적으로 보편적이었을 가능성이 높다. 시기적으로 얼마나 이른지는 추측이 불가능해도 그렇다.[43]

의무교육 초등학교가 광범위하게 존재해도 그것 자체가 모든 소년의 교육을 보장할 수 없다는 게 드러났다. 이것을 해소하려고 마을마다 한 개 이상의 초등학교를 설립하고 7세 이상 소년들의 의무 입학을 요구하는 법령을 통과시켰다. 이 법률이 통과된 게 BC 1세기 초반이었는지, 아니면 1세기 후반이었는지는 여전히 논란거리다. 일부 저자들은 유다의 국왕 알렉산더 야네우스(Alexander Jannaeus, BC 104년-78년 재위)의 처남이자 산헤드린의 의장이었던 시몬 벤 셰탁이 BC 75년에 공표한 칙령을 신뢰한다. 케네디(A. Kennedy)는 간단하면서도 학문적인 설명을 통해서 대중교육을 위한 셰탁의 노력에 관한 전통을 거부할 충분한 이유가 없다고 주장하면서도 그 전통을 포함시켜야 할 이유를 설명해내지 못한다.[44] 그레츠는 알렉산드라 여왕의 통치를 언급하면서 다음과 같이 기록한다.

셰탁과 가말라에 대한 상이한 주장 "여왕의 동생이자 바리새파의 지도자였던 시몬 벤 셰탁은 그녀의 도움으로 높은 지위에 올랐다. 대부분이 '시몬 벤 셰탁과 여왕 살로메의 시대라고 부를 정도로 당시 역사에서 그의 역할은 지대했다.'[45]…하지만 시몬은 야심이 큰 인물이 아니라서 자신의 권리(대의회의 의장)를 포기하기로 결정했고…당시 알렉산드리아에 체류하면서 학문이 깊고 훌륭한 인격을 갖춘 유다 벤 타바이(Judah ben Tabbai)의 도움을 받아서 평판이 높았다…그래서 유명한 이 두 명의 사내들을 '왕관(율법)에 옛 영광을 되돌려준 율법의 복원자들'이라고 불렀다.…[46]

"이 시기의 개혁 가운데 시몬 벤 셰탁의 작품으로 확실하게 간주할 수 있는 것은 더 나은 교육의 장려였다. 큰 마을마다 16세 이상의 젊은이들이 다닐 수 있는 고등학교가 그의 발의로 출현했다. 그렇지만 우리가 추정할 수 있는 것처럼 공부는 모두 성서에 국한될 뿐이었고, 그중에서도 모세오경과 율법이 강조되었다. 사두개파의 오랜 통치 기간, 즉 살로메의 통치가 출범할 때까지 바리새파에 대한 히루카누스(Hyrcanus)의 억압 덕분에 일부는 잊혀지고, 일부는 외면된 율법의 아주 다양하고 사소한 부분들이 일상의 삶에 또다시 도입되었다."[47]

시몬 벤 셰탁이 교육을 거론한 업무들이 기록된 예루살렘 탈무드의 내용은 다음과 같다.

"시몬 벤 셰탁은 세 개의 법규를 제정했다. 남편은 케투바(kethubah, 결혼계약에 명기된 총금액)로 사업할 수 있다. 사람들은 자식을 학교에 보내야 한다. 유리그릇을 타락의 대상으로 간주해야 한다."[48]

이렇게 교육을 간단하면서도 모호하게 언급하는 바람에 상당한 논란거리가 될 뿐 아니라, 그와 동시에 셰탁의 실제 업적에 대해서 어떤 식으로든지 결론을 내리는 게 불가능하지는 않더라도 상당히 어렵다.

귀데만(Güdemann),[49] 그로스만(Grossmann)과 칸델(Kandel),[50] 로리(Laurie),[51] 라이프지거(Leipziger),[52] 그리고 스피어즈(Spiers)[53]는 셰탁의 교육개혁을 신뢰하면서도 대제사장 요수아 벤 가말라가 64년에 6, 7세 이상의 소년들을 대상으로 보편적이고 의무적인 초등교육을 최초로 규정한 법령을 공표했다고 간주한다. 가말라의 옹호자들은 세탁의 법이 16세 이상의 고아 소년들이나 예루살렘을 비롯한 다른 대도시들에만 적용되었다고 주장한다. 이런 견해들 가운데 전자를 수용하면 BC 75년에 16세 이상의 고아 소년들을 위해서 설립한 상급학교를 의무교육의 첫걸음으로 간주하게 된다. 귀데만은 그 상황을 이렇게 요약한다.

"처음에 서기관들은 교육행위를 성인들에게 국한하면서 회당과 학교에서 무료로 강의를 제공했지만 어린이들의 교육은 과거와 동일하게 여전히 부모들이 담당했다. 하지만 소년들이 이런 기회를 누리지 못할 때가 많았기 때문에 국가에서는 예루살렘(B. B. 21a)에 교사들을 고용해서 지방에서 맡긴 어린이들을 돌보게 했다. 이런 제도는 아마 랍비 시몬 벤 셰탁의 법령과 관계가 있는 게 분명했다(Jerusalem Talmud, "Keth." VIII, 마지막 항목).[48]…이런 지역학교들은 스스로 가정을 떠날 수 있는 16세와 17세 청소년들을 염두에 두었을 뿐이었다. 대제사장 요수아 벤 가말라는 팔레스타인의 모든 도시들에 6, 7세 소년들을 위한 학교들을 시작했다."[54]

가말라의 업적을 언급하는 바빌로니아 탈무드의 내용은 아무리 요약의 형태라도 결코 건너 뛸 수 없을 만큼 유대교육사에서 아주 중요하다. 그 부분은 가말라의 업적에 대한 설명 뿐 아니라 더 이른 시기의 상황을 조명하기 때문에 유용하다.

"진정으로 그 사내를 영원히 기리지 않으면 안 된다. 그 사내의 이름은 랍비 요수아 벤 가말라이다. 만일 그가 생존하지 않았더라면 이스라엘에서 율법이 망각되었을 것이다. 처음에는 누구나 아버지에게서 율법을 교육받았지만, 아버지가 없으면 율법을 배울 수 없었다.…따라서 어린이들을 위한 교사들이 예루살렘에서 임명되었다.…하지만 이런 방법으로도 충분하지 않았다. 어린이는 아버지가 학교에 데려가서 교육을 받았지만, 아버지가 없으면 그곳에서 전혀 교육을 받을 수 없었다. 이것 때문에 지역마다 교사들을 임명해서 16세나 17세가 될 때 그곳에 보내도록 법을 정했다. 교사가 학생에게 화를 내면, 후자는 발을 동동거리면서 달아났다. 교육은 이런 상태로 요수아 벤 가말라의 시대까지 유지되었다. 그는 모든 지방과 마을마다 6세나 7세의 어린이들을 가르치는 교사들을 임명하도록 법령을 만들었다.”[55]

물론 이와 같은 내용에 소개된 법률의 제정이 효과를 발휘하지 못했다면 교육을 지지하는 정서적 후원을 광범위하게 이끌어내지 못했을 것이다.

초등학교 조직 학교들은 모두 소년들이 대상이었고 교사들 역시 모두 남성이었다. 가말라의 법령은 학생이 25명이나 그 이하일 경우에 한 명의 교사를 임명하도록 공동체에 요구했다. 25명 이상이고 50명 이하일 때는 교사와 보조자가 각각 한 명씩 필요했다.[56] 아마 처음에는 시간적으로 여유 있는 서기관이나 관리가 초등학교에서 가르쳤을 것이다. 그러다가 결국 초등학교 교사가 강력한 서기관 조합의 일원이 되어서 하잔(hazzan)이라는 확실한 명칭을 얻게 되었다.[57] 케네디는 초등학교의 하잔이 범죄자를 채찍으로 처벌하는 것을 비롯해서 회당과 관계된 사소한 업무들을 주로 담당하는 동일한 이름의 회당 관리와는 달랐다고 주장한다.[58] 다른 저자들은 둘을 동일하게 간주하기도 한다.

a. 교사: 숫자·사회적 지위·보상 서기관들이 임금을 받지 않고 필요하면 장사를 하면서 생계를 유지했지만, 하잔은 아마 정기적으

로 적은 급료를 받았을 것이다.[59] 그렇지만 전체 교사들의 가장 큰 보상은 공동체로부터의 사랑, 감사, 존경과 존중이었다. 그들은 공적 및 사적으로 아주 각별한 대접을 받았고, 유대인 사회에서 누구도 그들처럼 존경과 선망의 대상이 될 수 없었다. 교사에게 대부분 확실하게 요구되는 자격은 도덕적 성품, 율법에 대한 지식 그리고 모든 율법 규정의 철저한 준수였다.

b. 초등학교의 목적　소년은 학교에 입학하기 전에 가정에서 다양한 성구, 약간의 기도, 몇 가지 노래들과 여러 가지 민속 전통들을 익혔다. 아울러서 다양한 축제와 절기를 지켜보고 참여하면서 그 기원에 대한 설명과 각각의 행위에 담겨있는 의미에 귀를 기울였다. 초등학교의 목적은 모든 소년이 율법을 완벽하게 숙달해서 성년이 될 때 율법에 대한 책임을 감당하도록 준비시키는 것이었다.

초등학교에서 가르치는 과목들은 읽기, 쓰기 그리고 산수의 원리가 고작이었다. 읽기와 쓰기를 배우는 것은 쉽지 않은 일이었다. 고대 히브리어 이외에는 다른 언어를 사용할 수 없었다.[60] 대부분의 가정에서 아람어와 그리스어를 사용하던 이 시대의 어린이들에게는 거의 알려지지 않은 언어였다.

c. 과목들　읽기와 쓰기를 배울 때는 고대 히브리어를 기록하면서 모음을 사용하지 않았다는 사실 때문에 어려움이 가중되었다. 야웨는 그냥 YHWH라고 적었다. 따라서 읽기의 대부분은 암기한 모음을 재현하는 것으로 구성되었다.

초등학교의 공부는 율법의 삼중적 내용, 즉 의식과 민법과 형법의 암기에 집중했다. 히브리 교육은 근동지역의 다른 모든 민족처럼 어린이의 기억을 특별히 강조한 게 분명하다. 하지만 우리는 소년이 기억으로 학습하도록 요구받은 구절들이 의식절차와 법률을 자세히 제시하면서도 오늘날의 비유대인에게는 모호하고, 비현실적이고, 기억하는 게 너무 어렵지만, 대부분의 경우에 학생이 일찍부터 목격한 행위를 설명하는 것에 불과했다는 사실을 간과하면 안 된다. 그 구절들은 학생에게 암기과제로 제시되기 훨씬 전부터 의식 속에 선명한 인상을 남기는 방식으로 몇 번이고 구체적으로 제시되었다. 부모는 아주 일찍부터 어린이의 나이와 기억력에 맞추어서 실제적이면서 전통적인 기원은 물론, 법률이나 의식과 관련된 의미를 모두 설명해주었다. 삼중적 내용의 율법이 공동체의 생활을 지탱한 관계를 고려하면 이런 공부가 실제로 확실한 사회화의 과정이었다는 것을 알 수 있다. 초등학교 과목들의 범위를 확인할 수 있는 유일한 방법은 성서의 다양한 성격을 떠올리는 것이다. 이것에 근거하면 초등학교에서 세 개의 R과 함께 종교, 도덕, 예의, 역사 그리고 법률을 가르쳤다는 게 분명해진다. 이 모두가 어린이에게 가르친 위대한 문학 안에 담겨있기 때문이다.

　　d. 교재　성서, 그중에서도 모세오경을 구성하는 성서에 포함된 책들이 학교의 주요 교재였다. 성전 예배에서 중요한 역할을 담당한 시편은 학교에서 상당한 주목을 받은 게 분명하다. 학교에서 필수적으로 간주되었을 또 다른 두 권의 책은 잠언과 외경인 집회서다. 두 권 모두 이 시기에 등장했고, 교육용 교재로 특별하게 기획되었다. 둘 다 율법과 그것을 공부하는 학생, 그리고 율법이 강조하는 덕목들에 대한 칭송과 도덕 및 종교적 격언과 예절에 대한 교훈이 뒤섞인 편집물이었다. 나중에는 어린이들을 위해서 쉐마,[61] 할렐(시편 113편-118편), 창조부터 대홍수까지의 역사, 레위기의 처음 여덟

장[62]과 같은 성서의 내용을 담은 작은 양피지 두루마리를 교재로 준비했다. 그런 본문들이 얼마나 일찍부터 활용되었는지는 확인할 수 없다.

e. 방법·복습·동기부여　이 당시 학자들의 지나치게 세밀한 방법뿐만 아니라 낱말과 글자마다 신성함을 일일이 부여하는 바람에 축어적으로 암기해야 했다. 여러 개의 히브리어 글자들이 거의 비슷하다는 것(가령, h와 ch)과 그런 것들 가운데 글자 두 개를 혼용하면 상이하거나 상반된 의미를 가질 때가 많아서 아주 정확해야 했다. 그런 경우가 바로 "찬양하다"라는 뜻의 할렐(hallel)과 "모독하다"라는 뜻의 할렐(challel)이다. 이것을 해결하려면 무수하게 암기를 훈련하고 줄곧 반복해야 했다. "백 번 복습하는 것보다 백한 번을 복습하는 게 더 낫다."는 랍비의 교훈은 학교 공부의 성격을 그대로 보여준다.

어린이는 암기에 힘쓰는 문헌 가운데 상당 부분에서 재미를 느낀 게 분명하지만, 그럼에도 불구하고 전반적으로는 상당히 지루하고 부담스럽게 생각했을 것이다. 율법을 크게 존중하고 그것을 통해서만 국가나 사회의 가장 높은 지위에 접근할 수 있었다는 사실이 연령이 높은 소년들을 공부에 힘쓰게 만든 충분한 동기로 작용한 게 분명했다. 하지만 성서에 등장하는 체벌의 권고와 함께[63] 어린이의 본성에 대한 유대인의 관점 때문에 나이가 어리거나 게으른 학생이 학업에 힘쓰도록 자유롭게 처벌했다는 사실을 의심하기란 불가능하다.

초등교육의 결과　이 시대의 유대인들을 이미 "책의 사람들"이라고 소개한 바 있다. 학교교육이 철저하게 책 중심이었다는 사실을 추가할 필요가 거의 없을 정도다. 그리스인들이 유대인의 교육과정에 신체적인 문화, 그리스의 탁월한 고전 그리고 그리스의 과학을 도입하게 하려고 했지만 효과가 없었다. 그럼에도 불구하고 초등학교 과정을 이수한 소년은 일찍이 인류가 남긴 위대한 문학 가운데 한 가지에 정통했다. 모세오경의 대부분은 물론이고 성서의 기타 여러 책들에서 발췌한 부분들을 외워서 알고 있었을 것이다. 매일의 사건을 구성하는 공적 및 사적 성격의 거룩한 의식과 풍습의 기원과 의미를 설명할 준비가 되어 있었다. 민족 전체의 종교적 견해에 심취했고, 사람들과 생각과 지식과 정서를 공유했다. 엘리스 (H. Ellis)는 이렇게 소개한다.

> "예수 시대의 (초등)교육에 대한 설명은 흥미진진하다. 그는 랍비 학교를 다닌 적이 없었는데(마가복음 6장 2, 3절), 우리는 이 덕분에 보통 사람들에게 어떤 이점이 있었는지 알 수 있다. 성서에 대한 지식은 탁월했고 타의추종을 불허했다. 히브리어를 읽을 수 있었고 가끔 회당의 직무에 참여하도록 요구를 받을 때도 있었다(누가복음 4장 16절, 마가복음 1장 21절 등)."[64]

소페림 학교

기원 옛날부터 유망한 소페림(서기관)은 특별한 직업훈련을 받는 게 필수였다. 포로기 이후에 소페림의 역할과 숫자, 중요성, 그리고 숙달해야 할 문헌의 증가로 인해서 장기적이고 세밀한 훈련이 불가피했다. 날마다 율법을 선포하고 집행하도록 요구받는 그들은 율법에 대한 월등한 지식을 소유하는 것만으로는 부족했다. 가능한 온갖 해석들과 해석방법, 그리고 과거의 결정과 집행에 따른 선례들을 알고 있어야 했다. 성전 뜰이나 회당에서는 탁월한 서기관들 주변에 젊은이와 성인 남성들이 모여들었다. 시간이 흐르면서 유명한 서기관마다 나름의 모임이나 학교를 운영한 것 같다.[65] 어떤 경우에는 교사의 독특한 교수방식 덕분에 학교들이 경쟁적으로 발전하기도 했다. 샴마이(Shammai)와 힐렐(Hillel)이 운영한 학교들이 그랬다.[66] 힐렐의 손자 가말리엘(Gamaliel)이 다소 출신 사울의 스승이었다는 게 기억날 것이다.[67]

과목들 일부 서기관 학교들이 그리스 학문을 일부 가르치기도 했지만 대부분은 히브리인들의 거룩한 문서를 공부하고 계속 증가하는 구비문학 공부에 집중했을 것이다. 이 다량의 구전 학습은 두 가지 요소, 즉 법률적 내용을 다루는 할라카(Halakah)와 비법률적인 하가다(Hagadah)로 구성되었다.

a. 할라카 할라카는 늘 변화하는 사회와 정치 상황에 성문법을 적응시키려는 서기관들의 시도에서 비롯된 구전법(oral laws)으로 대부분 이루어졌다. 세월이 흐르면서 결정과 해석이 추가된 이 구전법은 고정된 형식과 그 고정된 형식을 통해서 신성함까지 획득하게 되었다. 출애굽기 24장 12절("내가 율법과 계명을 친히 기록한 돌판을 네게 주리라")에 근거해서 모세가 시내산에서 야웨에게 성문법 이외에도 구전법, 즉 할라카를 함께 받았다는 주장이 제기되었다.[68] 여러 세기 동안 할라카를 기록하는 게 금지되었고, 그래서 서기관 지원자는 누구나 암기에 집중해야 했다. 모든 문장과 낱말이 거룩해서 교사가 전하는 대로 암기해야 했다. 가능한 모든 해석이 제시되고 토론되었다. 다양한 해석방법을 익히고 실제로 활용해야 했

다.

b. 하가다: 탈무드 하가다(문자적으로는 "이야기")는 할라카와 방법이 동일했다. 하지만 할라카는 종교법에 집중하는 반면, 하가다는 상당히 범위가 넓고 다양한 문학을 포함했다. 상당 부분이 윤리적, 주석적이거나 설교적이지만 잠언, 우화, 전승, 역사와 과학까지 모두 망라했다. 한 마디로 하가다는 보다 엄격하게 법률적인 요소를 제외한 모든 주제들을 포괄했는데, 다소 통속적인 방식으로 법률과 제도와 관습을 확대하고 해명하려는 학자 집단의 두서없는 토론거리가 될 수도 있었다. 이 구비문학은 두 가지의 기념비적인 백과사전, 즉 예루살렘 탈무드와 바빌로니아 탈무드로 발전했다.[69]

방법들 소페림이 제공하는 교훈의 주요 주제는 구전법이었다. 따라서 그들의 교육은 전체적으로 구전이었다. 학생들이 자신들의 발언을 보존하도록 돕기 위해서 소페림은 대부분 잠언, 규칙, 경구의 형식을 빌어서 교육했다. 그들은 학생들에게 법률적 원리의 실행을 훈련하기 위해서 실제든 상상에 의한 것이든 간에 구체적인 사례들을 제시했다. 비유와 우화로 설명했다. 서로 다른 서기관들 간의 공개토론이 자주 열렸다. 안식일과 축제일에는 다양한 서기관들이 관습에 따라서 "성전의 테라스에 모여서 공개적으로 가르치고 자세히 설명하면서 강의에서 지적인 부분들을 질문하고, 토론하고, 반대하고 그리고 달리 받아들이는 자유를 최대한 허용했다."[70] 선별한 학생집단은 물론이고 공개적인 모임에서도 소페림은 묻고 대답하는 방법을 자주 사용했고, 교사와 학생 모두 질문을 제기했다.[71]

지원 율법의 공부와 교육은 동일하게 거룩한 과제였다. 소페림은 고정적인 수업료를 하나님의 지혜를 매매하는 것으로 간주했을 것이다. 개인적인 수입이 없는 이들은 대개 어떤 기술이나 장사로 생계를 꾸렸다.[72] 당시에는 교사들에게 임금이 지불되지 않았다. 델리치(F. Delitzsch)는 이렇게 소개한다. "학자, 즉 그들이 부르듯이 '지혜의 교사들'은 학생들과 부모들의 보답, 빈민을 위한 십일조의 분배 과정에서 약간의 고려, 그리고 어떤 경우에는 성전기금의 지원을 의지했다.…율법 공부와 관련된 수입이 좋은 일부 직업들이 당연히 아주 바람직하게 간주되었다. 그리고 이런 결합은 필요악이었을 뿐 아니라 땀 흘려 일하는 것 역시 대신할 수 없는, 은총이 넘치는 건전한 도덕 훈련으로 간주되었다."[73]

축제들

기원·횟수·특징 유대인들의 대표적인 축제들은 국가적으로 거룩하게 지키는 날이었다. 유대인들은 축제를 통해서 농사의 결실, 가정의 즐거움, 적으로부터의 구원이나 과거와 미래의 번영이 하나님에게 달려있음을 깨달았다. 히브리의 모든 역사가 국가적 축제라는 유산을 형성했다. 유목생활에서 유래한 유월절은 본디 양떼 가운데 제일 먼저 태어난 것을 야웨에게 바치는 봄의 축제였다.[74] 오순절과 초막절은 농경시대에 등장했다.

축제 목록 유대력의 일수는 354일이다. 후기 유대교는 월삭(new moons)과 안식일 이외에도 한 해에 30일을 몇 가지 종교의식을 진행하는데 할애했다.[75] 여기에서 소개하는 축제의 목록을 통해서 더 중요한 부분, 즉 축제의 기간과 때를 파악할 수 있다.

교육적 의의 교육의 관점에서 볼 때 축제가 갖는 의의는 다중적이다. 개인적이든 국가적이든 간에 유대인의 삶 속에서 고유의 종교관을 자극하고 계발하는데 이보다 중요한 구실을 한 게 없을 것이다. 축제는 연중 내내 주기적으로 신앙과 애국심을 지속시켰다. 덕분에 새로운 세대는 민족의 위대한 종교적 및 정치적 경험에 얽힌 일화를 배울 수 있었다. 종교 축제는 예배를 훈련하는 기간이었다. 축제 가운데 상당수가 종교수업의 구실을 했다. 부모는 축제 이전이나 그 기간에 절기의 기원과 의미를 자녀에게 가르치도록 지시를 받았다. 이런 사적 교육은 제사장과 서기관의 공적 교육으로 보완될 때가 많았다.

대표적인 유대 축제 목록[76]
(마카비 이후 시대)

축제	일수	유대력	개략적인 지금의 달력
유월절 또는 무교절	7	니산월 14일 저녁부터 21일까지	니산월은 3월의 월삭에 시작해서 4월의 월삭까지 계속되었다.
오순절[77]	1	시완월 6일	시완월은 5월과 6월에 걸쳐 있었다.
나팔절	1	티슈리월 1일	티슈리월은 9월과 10월에 걸쳐 있었다.
속죄일[*]	1	티슈리월 10일	
초막절[77]	7	티슈리월 15일부터 21일	
쉐미니 아쩨레트 (8일, 또는 마지막 날)	1	티슈리월 22일	
수전절	8	키스레브월 25일 이후	키스레브월은 11월과 12월에 걸쳐 있었다.
부림절	2	아달월 14일부터 15일	아달월은 2월과 3월에 걸쳐 있었다.

(*엄격히 말하면, 축제라기보다 금식일이다)

성전

회당에의 영향 소페림이라는 교사집단의 등장과 회당의 증가에도 불구하고 예루살렘의 성전은 국가적인 종교교육의 중심으로서의 역할을 결코 상실하지 않았다. 이곳에서 사람들은 중요한 국가의 축제를 치렀고 다양한 예배를 통해 훈련을 받았다. 신중하게 훈련된 레위인들의 성가대는 국가적인 찬송을 연주했고, 그것을 통해서 사람들에게 찬송을 교육했다. 그레츠에 따르면, 유다와 디아스포라에 산재하는 수많은 회당을 위한 예배의 틀을 제공한 게 바로 성전이었다. "성전에서 사용된 기도의 형식은 기도의 집이나 모임의 장소로 늘 사용되는 곳의 예배 모형이 되었다."[78] "지방 도시의 주민들은 예루살렘(의 성전)에서 진행되는 거룩한 예배를 있는 그대로 베껴서 모임이 도입했다."[79] 이것 이외에도 도처의 유대인들이 지역 회당에서 모이는 것도 성전의 예배시간과 일치했고,[79] 그리고 모든 유대인이 단독으로, 또는 무리에 참여해서 기도할 때 얼굴을 향하는 것도 그 거룩한 도시였다.

예배 순서 회당예배가 성전예배와 비슷하다는 것은 이미 소개한 예배의 개요와 다음에 소개되는 새벽 제사 이후 성전의 아침 찬송예배를 비교하면 알 수 있다.[80]

성전의 아침기도와 찬송예배 순서
    1. 선택한 찬양과 감사 시편들
    2. 회중의 응답
    3. 기도와 감사
    4. 율법서의 발췌 낭독

5. 십계명

6. 쉐마

성전 뜰에서는 예배를 통한 교육과 훈련 이외에도 공적 교육이 종종 제공되었다. 어쩌면 예레미야 시대 이전일 수도 있는 이런 관습은 예수 시대에도 반복되었고, 70년에 성전이 최종적으로 파괴될 때까지 지속된 게 분명했다.

성전과 공적 예배는 국가적인 제도였다. "성전은 하나님에 대한 국가적인 접근방법이었다.···전 국민의 이름으로, 그리고 그들을 위해서 표준적인 의식들이 집행되었다.···하루에 두 차례씩 중앙 제단에서 바치는 타미드(Tamid) 또는 고정적인 제사는 국가적인 제사였다. 모든 유대인이 성전의 유지를 위해서 기부했다.[81]···성전의 기념 행사는 공식적인 국가위원회가 진행했다.···"[82]

성전과 그것의 기구한 운명의 역사를 소개하는 것은 지금의 집필 방향과 맞지 않고, 성전의 웅장한 구조와 예배를 서술하는 것 역시 마찬가지다.[83] 예루살렘 성전은 아테네의 성전들처럼 거룩한 산 위에 자리한 도시보다 더 높았다. 그리스처럼 여기에서도 높은 명성과 두드러진 위치 덕분에 도시의 거주민들은 성전에 줄곧 관심을 가질 수밖에 없었다. 날마다 국가적인 제사가 진행되었고, 그 중간 무렵에 두 번째 제사가 있고 기도로 예배가 끝났다.

"자정이 지나면 성전의 책임자는 일부 제사장들과 함께 잠자리에서 일어나서 횃불을 들고 성전을 살폈다.···그날의 새벽예배를 위해서 모든 게 준비되었는지 확인하기 위함이었다. 성전의 성벽을 지키는 파수꾼들이 헤브론(Hebron)의 도시에 아침이 밝았다는 것을 확인하는 순간 신로를 보냈다. '햇빛이 헤브론을 비추면' 제사장이 직접 제물을 잡았다.

제물을 바치자마자 음악과 노래로 기도의 예배가 시작되었다. 계속해서 제사장이 축복을 선언하는 황금제단에 향을 피웠다. 그러면 제물을 바치는 제사장이 번제단에서 맡은 역할을 수행했고, 그 사이에 레위인들은 나팔 소리에 맞추어서 시편을 노래했다. 정오부터 두 시간 반이 지나면 제물로 바치는 어린양을 도살하면서 저녁예배가 시작되었다. 일몰 직후에 저녁의 기도예배가 끝났다."[84]

교육적 의의 성전예배는 상징으로 가득했을 뿐 아니라 성전의 구조와 조직은 야웨의 거룩함, 장엄함 그리고 전능함에 대한 기념비적인 실물교육이었다. "요세푸스가 옳았다면, 거대한 현관입구는 천국을 상징했다. 첫째 장막은 기둥들은 하늘을 구성하는 것들, 일곱 개의 등잔은 일곱 개의 별, 열두 개의 빵은 12궁도, 한 해의 순환, 그리고 향을 피운 제단은…하나님이 만물의 주관자라는 것을 의미했다"[85]

모든 유대인에게 다수의 개별적인 제사가 요구되다 보니 성전은 개별적일 뿐 아니라 국가적인 영향력을 발휘했다. 예루살렘의 방문과 성전 예배는 유대인 모두에게 요구되는 삶이 되었다. 수많은 순례자들이 해마다 그곳을 방문했다. 유월절, 오순절, 그리고 초막절이라는 해마다 있는 세 개의 대표적인 축제들은 유대인을 전 세계에서 불러 모았다. 그렇게 고향을 방문한 다수의 사람들은 신앙의 자극을 받고 성장했고, 그리고 종교의식이라는 공식적인 방법으로 교육을 받았다. 따라서 성전을 통해서 종교와 종교교육이 통합되고, 기준이 되고, 국가적인 성격을 갖게 되었다.

에더샤임(Edersheim)은 기독교가 발생한 1세기에 성전예배가 히브리 어린이에게 끼친 영향을 아름답게 소개하면서 성전의 교육적 영향에 대한 논의를 적절하게 마무리했다.

"예루살렘에 있는 야웨의 집 뜰에서 예배한 사람은 누구든지 자신이 눈으로 목격하고 귀로 들은 것을 결코 잊지 못했다. 아주 멋지고 화려한 건물에 선 채 계단에서 펼쳐지는 광경을 올려다보는 어린이는 하얀 예복을 입은 수많은 제사장들이 분주히 오가고, 제물이 타면서 나는 연기가 번제단에서 솟아오르는 순간 단순한 경탄이 아니라 장엄한 경외감에 사로잡혔을 것이다. 그러고 나서 향을 피울 때가 되면 숨죽인 채 침묵하던 군중이 모두 엎드려 예배했다. 계속해서 가장 깊은 성소로 이어지는 계단에서 제사장들이 손을 들고 사람들에게 축복의 말을 건넸다. 그리고 제주(drink-offering)를 쏟으면 레위인들이 부르는 시편 찬송이 시작되면서 소리가 점점 커졌다. 레위지파 어린이들의 정교한 고음이 성인 남성들의 아주 원숙한 음색을 떠받치고 악기들은 음악을 연주했다. 유대인 어린이는 그 내용을 대부분 이해했다. 그 곡들은 태어나서 제일 먼저 들은 것이었고, '어릴 적에'(taph) 어머니에게 매달리면서 거의 처음으로 배운 내용이었다. 하지만 하늘에 펼쳐진 파란 차양 아래 흰 대리석과 황금으로 장식된 곳에서, 또 그런 환경에서 연주되는 음악은 다른 세계의 것처럼 들렸고, 제사장들이 연주하는 쉽게 잦아들지 않는 삼중적인 나팔소리는 정신을 각성시키는 듯 했을 것이다. 그리고 그것들은 이 세상의 음악처럼 느껴지지 않았다. 아버지에게 들은 것처럼 어린이가 목격한 모든 게 시내산에서 하나님이 모세에게 보여준 하늘나라에 속한 것들의 형태를 그대로 따르고 있었기 때문이다. 어린이가 들은 모든 내용은 야웨가 자신의 종 다윗과 이스라엘의 탁월한 시인들의 입을 빌려서 말한 신-발언(God-uttered)이었다."[86)

주

footnote

1. 이것은 사사기의 기본이 되는 철학이다. 사사기 4장 1절과 2절,
   그리고 다른 부분을 볼 것.
2. H. Graetz, History of the Jews, II, 54c-55a.
3. 교육적 이상에 대한 더 자세한 논의는 다음의 '포로기 이후의 이상
   적 존재, 서기관' 부분과 주 15 볼 것.
4. 이 내용을 '소페림 학교'에서의 육체노동에 대한 서기관들의 태도와
   관련된 내용, '지원'에 관한 부분, 그리고 주 15와 비교할 것. 창세기
   9장 27절에 대한 랍비들의 언급 가운데 더욱 넓은 태도를 보이는 흥
   미로운 주장("Tractate Megillah," 9b)은 그리스 문화의 심미적 요소
   를 높이 평가한다.
5. I. J. Peritz, Old Testament History, p. 293.
6. H. P. Smith, Old Testament History, p. 443.
7. Ibid., p. 443과 각주를 볼 것.

8. 제2마카비서 4장 1절-12절 볼 것. 제1마카비서 1장 13절-14절과 비교할 것.

9. I. J. Peritz, Old Testament History, p. 294.

10. H. Graetz, History of the Jews, Ⅰ, 444-446은 아주 흥미로운 내용을 소개한다.

11. Max Seligsohn, "Scribes," Jewish Encyclopedia, XI, 123.

12. H. P. Smith, Old Testament History, pp. 393-395는 이 일화를 전적으로 불신한다.

13. A. R. S. Kennedy, "Education," Hastings' Bible Dictionary, I, 650b.

14. I. Levi, "The Wisdom of Jeus Sirach," Jewish Encyc., XI, 389a.

15. 공부와 손기술을 결합할 가능성에 관한 시라의 의견과 상반된 주장은 Franz Delitzsch, Jewish Artisan Life in the Time of Jesus, pp. 76-77 볼 것. 역시 앞으로 거론될 '초등학교'의 교사 부분과 '소페림 학교'의 지원에 관한 부분을 볼 것.

16. 상반된 견해는 S. Schechter, Studies in Judaism, Vol. I, pp. 233-251의 Schechter, "The Law and Recent Criticism" 볼 것.

17. A. R. S. Kennedy, "Education," Hastings' Bible Dictionary, I, 650b.

18. H. P. Smith, Old Testament History, p. 479.

19. H. Graetz, History of the Jews, II, 17.

20. W. Bacher, "Synagogue," Hastings' Bible Dictionary, IV, 636d.

21. 출애굽기 23장 12절. 이 가장 오래된 법률은 종교의식의 준수에 관해서 전혀 언급하지 않는다. T. G. Soares, The Social

Institutions and Ideals of the Bible, pp. 168ff 볼 것. C. H. W. Johns, "The Babylonian and Assyrian Sabbath," Enc., Brit., 11th ed. XXIII, 961d-962a.

22. W. Bacher, "Synagogue," Hastings' Bible Dictionary, IV, 637b.

23. Alfred Edersheim, In the Days of Christ, p. 254.

24. Ibid., 261.

25. Ibid., 262.

26. Ibid., 277d-278a.

27. Ibid., 268a.

28. Ibid., 274c.

29. Ibid., 277-279.

30. Ibid., 277.

31. Ibid., 279a.

32. Ibid., 278.

33. Ibid., 275.

34. Ibid., 279b-c.

35. Ibid., 268ff. 에더샤임(Edersheim)은 268페이지의 주에 자신의 설명이 미쉬나(Mishna)의 연구에 근거한 것이라고 소개한다.

36. "'쉐마'와 그 뒤에 이어지는 '축복기도'는 설교단에서…진행된 것으로 보인다. 하지만 계속되는 일련의 기도는 예배인도자가 앞으로 나가서 법궤 앞에 선 채 진행했다." Ibid., 272a.

37. Ibid., 272-275.

38. Ibid., 275.

39. Ibid., 277.

40. 세월이 흐르면서 벳 하세퍼(Bet ha-Sefer) 또는 "책의 집"이 이런 학교를 가리키는 가장 일반적인 명칭이 되었다. 하지만 이것은 성서시대의 것이 아니라서 여기서는 사용하지 않는다.

41. 셰탁의 주장과 가말라의 법령은 계속해서 이어지는 내용에서 논의될 것이다.

42. A. R. S. Kennedy, "Education," Hastings' Bible Dictionary, I, 649.

43. 여기서는 다음의 '셰탁과 가말라에 대한 상이한 주장'에서 소개되는 귀데만(Güdemann)의 결론을 참고할 필요가 있다.

44. A. R. S. Kennedy, "Education," Hastings' Bible Dictionary, I, 649.

45. H. Graetz, History of the Jews, II, 48d.

46. Ibid., p. 49a와 b.

47. Ibid., pp. 50d-51a.

48. Jerusalem Talmud, "Kethuboth," VIII, 끝부분.

49. M. Güdemann, "Education," Jewish Encyc., V, 43c.

50. Grossman and Kandel, "Jewish Education," Monroe's Cyclopedia of Education, III, 542d.

51. S. S. Laurie, Pre-Christian Education, p. 93.

52. H. M. Leipziger, Education of the Jews, p. 197.

53. B. Spiers, The School System of the Talmud, pp. 9-10.

54. M. Güdemann, "Education," Jewish Encyc., V, 43.

55. Der Babylonische Talmud, "Baba Bathra," tr. by Wuensche; A. R. S. Kennedy, "Education," Hastings' Bible Dictionary, I,

250b. 나는 여기서 로드킨슨 역본(Rodkinson's)보다는 케네디가 번역한 빈쉐(Wuensche)의 작품을 사용했다.

56. Babylonian Talmud, "Baba Bathra," 21a.(로드킨슨 역, p. 62)

57. A. R. S. Kennedy, "Education," Hastings' Bible Dictionary, I, 650.

58. Ibid.

59. D. Eaton, "Scribes," Hastings' Bible Dictionary, IV, 422d; 사도행전 18장 3절과 비교할 것; M. Schloessinger, "Hazzan," Jewish Encyclopedia, VI, 285c-d.

60. A. R. S. Kennedy, "Education," Hastings' Bible Dictionary, I, 651.

61. 위의 '회당'에 관한 부분에서 예배순서와 주 27을 볼 것.

62. A. Edersheim, In the Days of Christ, p. 117.

63. 4장 어린이의 본성과 체벌에 관한 내용을 볼 것. 이 진술을 Aboth II, 6(로드킨슨 역본, pp. 4, 56-58) 탈무드의 진술과 비교할 필요가 있다. 거기에서는 성급한(또는 다혈질의) 사내는 가르치는 일에 적합하지 않은 것으로 규정한다.

64. H. G. Ellis, "Origin and Development of Jewish Education," Pedagogical Seminary, 1902, IX, 58.

65. 나중에 이런 학교는 일반적으로 벳 하미드라쉬(Beth Hammidrash)로 알려졌지만, 이것은 성서시대의 이름이 아니라서 여기서는 사용하지 않는다.

66. BC 30년 산헤드린(의 의장)과 관련이 있었다. Wm. Bacher, "Hillel," Enc. Brit., XIII, 467c-d.

67. A. R. S. Kennedy, "Education," Hastings' Bible Dictionary, I, 650d.

68. Arthur Ernest Cowley, "Hebrew Literature," Enc. Brit., 11th ed., XIII, 170c-d.

69. 탈무드는 형식상 두 개의 부분으로 구성되어 있다. 미쉬나 (Mishna)는 AD 190년에 편집되었고, 게마라(Gemara) 또는 미쉬나의 주석은 3백년 뒤에 등장해서 AD 500년에 편집되었다.

70. A. Edersheim, In the Days of Christ, p. 120.

71. 플럼터(E. Plumtre)는 서기관의 교육과 서기관들의 대열에 끼는 곳에 관한 흥미로운 정보를 상당수 제시하지만 일반적인 설명에서는 접할 수 없는 내용이다. Edward Hayes Plumtre, "Scribes," Wm. Smith' Dictionary of the Bible, III, 1167-1168.

72. Franz Delitzsch, Jewish Artisan Life in the Time of Jesus(tr. by B. Pick), pp. 73, 81. 랍비 이후에 등장하는 다양한 장사의 목록은 Jewish Encyclopedia, "Rabbi" 항목 볼 것.

73. Franz Delitzsch, Jewish Artisan Life in the Time of Jesus, p. 80.

74. T. G. Soares, The Social Institutions and Ideals of the Bible, p. 173; 출애굽기 12장.

75. T. G. Soares, The Social Institutions and Ideals of the Bible, p. 178.

76. 월삭과 안식일은 제외한다. 이 도표에 소개된 자료는 다양한 자료에서 수집한 것이다. 특히 Elmer E. Harding, "Feasts and Fasts," Hastings' Bible Dictionary, I.

77. 연중 3대 절기 가운데 하나다.

78. H. Graetz, History of the Jews, I, 399a.

79. Ibid., 401a.

80. Ibid., 399.

81. 살로메 알렉산드리아(Salome Alexandria)의 통치기간에 발표된 공회의 칙령 때문에 개종자들과 풀려난 노예들을 비롯한 전체 이스라엘 사람들이 성전의 유지를 위해서 해마다 최소한 반 세겔씩 지불해야 했다. H. Graetz, History of the Jews, II, 52.

82. George Adam Smith, Jerusalem: ⋯to 70 A. D., II, pp. 522d-523b.

83. 성서의 설명은 역대하 29장 19절-36절; 집회서 1장 1절-21절; 에스겔 40장-41장 볼 것.

84. M. Seidel, In the Time of Jesus, pp. 119-120의 요약.

85. George Adam Smith, Jerusalem: ⋯to 70 A. D., II, p. 257.

86. A. Edersheim, In the Days of Christ, pp. 108-109.

여성과 소녀들을 위한 교육

VI 여성과 소녀들을 위한 교육

"집과 재물은 조상에게서 상속하거니와 슬기로운 아내는 여호와께로서 말미암느니라"_ 잠언 19장 14절

"누가 현숙한 여인을 찾아 얻겠느냐 그의 값은 진주보다 더 하니라"_ 잠언 31장 10절

．
．

증거는 후기보다 초기에 여성이 상대적으로 더 높은 위치를 차지했다는 사실을 지지하는 것처럼 보인다. 하지만 대부분은 가정 안팎에서 여성의 위치는 남성에게 종속되었다. 여성의 의무와 교육은 철저하게 가정적이었다. 성서시대에는 소녀들이나 여성을 위한 어떤 유형의 학교도 존재하지 않은 것 같다. 가정 이외에 소녀들과 여성에게 교육적 영향을 끼친 기관들로는 회당, 성전 그리고 축제들이 있었다.

　가정과 사회에서의 여성　후기에 비해서 초기에 여성이 상대적으로 높은 위치를 차지했다는 사실은 당시에 유행하던 모계[1]를 좇는 관습과 함께 드보라[2]나 야엘[3]같은 여성들, 그리고 드고아의 "지혜로운 여인"[4]과 아벨의 지혜로운 여인[5]이 사회문제에서 담당했던 역할 덕분에 두드러져 보인다. 하지만 유목시대에도 여성은 일차적

으로는 아버지, 그리고 다음에는 그녀를 아버지에게서 구입한 남편의 재산이자 노예였다. 문명이 발전하면서 지적 영역이 확대되었지만 여성은 종교와 가정의 임무에서 더욱 제한적인 분야에 국한되었고, 이런 영역에서 여성은 부과된 제약 때문에 남성보다 종교적으로나 지적으로나 사회적으로 열등한 것으로 낙인찍혔다.

사회적 위상 이런 제한들이 시작된 시기를 거론하는 것은 불가능하다. 그것들 가운데 일부는 어쩌면 부족시대와 관습으로까지 거슬러 올라갈 수도 있다. 후기의 가장 두드러진 제한 가운데는 쉐마를 암송하거나 회당의 내부공간에 들어설 때 필요한 성구함의 착용을 여성에게 금지시킨 게 있었다.[6] 어떤 식으로든지 여성들의 종교적 제한과 특권을 검토할 경우에는 탈무드에 등장하는 후기 발전, 즉 여성들이 고정된 시간이나 계절에 따른 모든 확실한 계명의 수행을 면제받았다는 것을 반드시 염두에 두어야 한다. 면제의 이유는 확실하다. 여성은 가사나 신체적 조건 때문에 어느 순간부터 정해진 시기에 따른 의식의 진행에 참여하지 못했을 것이다.

퍼리츠는 이런 제한들이 나중에 발전한 게 분명하다고 주장한다. 그는 이렇게 피력한다. "히브리인들은…초창기에는 종교 행위에 참여하는 것에 관해서는 남녀를 차별하는 경향을 확인할 수 없고, 여성은 예배자나 책임자로서 핵심적인 제례에 빠짐없이 참여한다. 하지만 후대에 이르러서 제례 자체가 발전하면서 남성이 우위를 점하기보다는 여성을 제례에서 배제하는 경향이 등장한다."[7]

아들보다 열등한 딸 퍼리츠의 의견을 받아들이더라도 회당이나 가정에서의 여성의 위치가 종속적이었다는 사실은 여전히 달라지지 않는다. 아버지는 종교예배와 의식에서 주도적인 입장에 있었다. 아들에 대한 훈련과 가르침은 아주 어릴 때부터 아버지의 손에 달려 있었다. 어머니는 아들의 교육을 지원할 뿐 아니라 아버지에게 종속되었다. 어머니의 일차적인 임무는 열등한 성에 속한 구성원, 즉 딸에 대한 교육과 가족을 돌보는 일이었다. 딸은 아들보다 열등하고 환영받지 못했다.

여성의 존중과 존경 "우리는 탈무드에서 이런 발언을 세 차례 확인할 수 있다. '아들을 두는 것은 축복이지만 딸은 화가 된다.' 구약성서에는 이런 직접적인 표현이 존재하지 않지만, 이것이 이스라엘 사람들의 오래된 사상이라는 것은 확실하다."[8] 그렇지만 애정과 존경을 찾을 수 없었다고 추정할 필요는 없다. 아내와 어머니가 애정과 자애의 대상이었음을 보여주는 구절은 많다. 사랑스런 아내는 야웨의 선물로 선언되었고,[9] 현숙한 아내는 진주보다 더 귀하다.[10] 시인은 가장 큰 슬픔을 이렇게 표현한다. "내가 몸을 굽히고 슬퍼하기를 어머니를 곡함 같이 하였도다"[11] 잠언 31장에서 발췌한 다음의 내용은 고대 히브리의 이상적인 여성상을 가장 완벽하게 표현하고 있다.[12]

> 누가 현숙한 여인을 찾아 얻겠느냐 그의 값은 진주보다 더 하니라
> 그런 자의 남편의 마음은 그를 믿나니 산업이 핍절하지 아니하겠으며
> 그런 자는 살아 있는 동안에 그의 남편에게 선을 행하고 악을 행하지 아니하느니라
> 그는 양털과 삼을 구하여 부지런히 손으로 일하며
> 상인의 배와 같아서 먼 데서 양식을 가져 오며
> 밤이 새기 전에 일어나서 자기 집안 사람들에게 음식을 나누어

주며 여종들에게 일을 정하여 맡기며

밭을 살펴 보고 사며 자기의 손으로 번 것을 가지고 포도원을 일
구며 힘 있게 허리를 묶으며 자기의 팔을 강하게 하며

자기의 장사가 잘 되는 줄을 깨닫고 밤에 등불을 끄지 아니하며

손으로 솜뭉치를 들고 손가락으로 가락을 잡으며

그는 곤고한 자에게 손을 펴며 궁핍한 자를 위하여 손을 내밀며

자기 집 사람들은 다 홍색 옷을 입었으므로 눈이 와도 그는 자기
집 사람들을 위하여 염려하지 아니하며

그는 자기를 위하여 아름다운 이불을 지으며 세마포와

자색 옷을 입으며

그의 남편은 그 땅의 장로들과 함께 성문에 앉으며 사람들의
인정을 받으며

그는 베로 옷을 지어 팔며 띠를 만들어 상인들에게 맡기며

능력과 존귀로 옷을 삼고 후일을 웃으며

입을 열어 지혜를 베풀며 그의 혀로 인애의 법을 말하며

자기의 집안 일을 보살피고 게을리 얻은 양식을 먹지 아니하나니

그의 자식들은 일어나 감사하며 그의 남편은 칭찬하기를

덕행 있는 여자가 많으나 그대는 모든 여자보다 뛰어나다 하느니
라

고운 것도 거짓되고 아름다운 것도 헛되나 오직 여호와를 경외하
는 여자는 칭찬을 받을 것이라

그 손의 열매가 그에게로 돌아갈 것이요 그 행한 일로 말미암아
성문에서 칭찬을 받으리라

위의 구절에서 가정은 여성을 위한 최상의 공간으로 제시된다.

더 높은 지적 발달의 필요성에 대한 암시를 전혀 찾아볼 수 없다. 이 것은 그리스 시대에 속한 구절만큼 아주 특별한 의미를 갖는다. 여 기에 소개된 여성의 가장 높은 덕목들은 경건함, 자비, 부지런함, 신 중함, 절약, 건전한 판단 그리고 남편을 위한 헌신이다. 여성은 양털 과 삼을 잣고, 세마포와 카펫을 짰다. 여성은 밭을 구입하거나 아마 포로 만든 옷을 판매하는 것과 같은 상업 활동을 수행한다. 여성은 가족을 살피고 종교의무를 성실히 수행한다.

교육기관 가정은 소녀들이 교육을 받는 탁월한 기관이었다. 초 등학교나 상급학교는 소년과 남성만의 전유물이었다. 소녀들이 가 정에서 주어지는 개별적인 교육을 통해서 수준 높은 가르침을 받는 경우도 일부 있었지만, 그런 사례는 아주 드물었다. 축제, 성전 그리 고 회당은 소녀들과 여성이 가정 밖에서 교육적으로 영향을 받는 대 표적인 기관들이었다. 여성들은 회당의 구성원으로 인정되지 않았 고 어떤 예배도 인도할 수 없었지만, 그럼에도 불구하고 그들은 예 배에 열정적으로 참여했다. 기록된 다양한 사건들에 따르면 유대 여성이 성서에 익숙했다는 것을 알 수 있다. 이탈리아 남부에서 발 견된 명문 가운데는 회당 아버지(pater synagogae)과 함께 회당 어머 니(mater synagogae)라는 명예로운 호칭이 나란히 등장한다.[13]

교육의 목적과 내용 여성의 대표적인 역할은 하나님에게 영광 을 돌리고, 가정을 보살피고, 자녀를 훈련하고, 남편을 섬기면서 기 쁘게 하는 것이다. 소녀의 교육목적은 유능하고 성실한 주부, 순종 적이면서 덕이 있고 하나님을 경외하는 아내와 딸을 만드는 것이었 다. 소녀들의 세부적인 교육내용은 거주지, 생활방식, 사회 및 종교 기관과 법이 변화함에 따라서 세대별로 다양했지만, 영역과 한계를 결정하는 원리들은 전체적으로 바뀌지 않았다. 초기부터 가정에서의 임무, 음악, 춤, 노동, 신앙, 관습 그리고 예절이 포함되었다. 이런 대부분의 활동이 갖는 중요성과 교육과 훈련의 성격 및 방법은 여기서 따로 설명할 필요가 없을 만큼 이미 충분히 소개한 바 있다. 성에 따른 노동의 구분과 다양한 종교적 의무와 책임으로부터 여성을 배제함으로써 소년과 소녀의 교육은 상당히 달라졌다. 소녀와 여성의 가사와 노동에는 요리, 실잣기, 천짜기, 염색, 가축돌보기, 포도원 지키기, 추수, 방아 찧기, 양육과 노예 관리가 포함되었다.

나중에는 예비 주부가 가사를 수행하도록 최소한의 읽기와 쓰기는 물론이고 무게, 양, 돈을 계산할 수 있는 지식이 추가되는 사례도 부분적으로 있었다. 읽고, 쓰고, 셈할 수 있는 능력이 얼마나 일찍, 그리고 얼마나 일반적이었는지 소개하는 것은 불가능하다. 왕비 이세벨이 아합의 이름으로 나봇이 사는 마을의 장로들에게 편지를 보냈다는 사실은 왕조시대 여성들의 수준 때문에 쟁점이 될 수 있다.[14] 하지만 이미 지적했듯이 이세벨은 서기관을 고용했을 수도 있고, 따라서 그녀가 왕비이자 페니키아 출신 외국인이었다는 사실 때문에 일반적인 추론은 전혀 불가능하다.

1. 창세기 36장은 에서 자식들의 후손을 그들의 어머니들에게까지 거슬러 올라간다. 아브라함은 사라와 결혼했는데, 그녀는 아버지의 딸이지만 어머니가 달랐다. 4장 유아의 의식과 할례(어린이의 작명식)에 관한 내용을 볼 것.

2. 사사기 4장과 5장

3. 사사기 4장 18절-24절

4. 사무엘하 14장 1절-23절

5. 사무엘하 20장 16절-22절

6. Carl H. Cornill, The Culture of Ancient Israel, p. 99.

7. I. J. Peritz, "Woman in the Ancient Hebrew Cult," Journal of Biblical Literature, XVII, 114d. 퍼리츠는 스테드(Stade), 벤지거(Benziger), 노박(Nowack)과 기타 학자들이 일반적으로 수용하는 견해들을 거부한다. 그가 제시하는 증거가 모든 면에서 확실한 것으

로 고려할 수 있는지는 의심스럽다.

8. C. H. Cornill, The Culture of Ancient Israel, p. 97a.

9. 잠언 19장 14절

10. 잠언 31장 10절

11. 시편 35장 14절; C. H. Cornill, The Culture of Ancient Israel, p. 93.

12. 잠언 31장 10절-31절

13. W. Bacher, "Synagogue," Hastings' Bible Dictionary, IV, 640b.

14. 열왕기상 21장 8절

참고문헌
·
색인
·
부록 1, 2

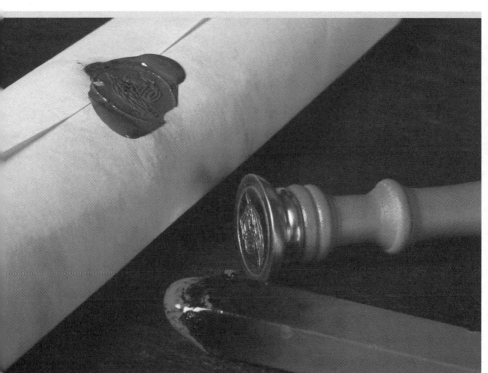

 **참고문헌**

다음의 간략한 참고문헌은 일반 독자의 필요와 관심에 부응하려는 관점에서 선별한 것이다. 기존 교육학자들(Compayre, Graves, Laurie, Monroe)의 일반적인 교육사의 내용은 너무 유명해서 여기에 포함시킬 필요가 없다고 생각했다. 내용이 제한적이다 보니 성서시대 이후의 작품들은 거의 다루지 않았다. 로마숫자(장을 표기하는 것을 제외하고)는 언급된 권의 숫자를, 아라비아 숫자는 쪽을 가리키고, 소문자 a, b, c, d는 쪽의 첫째, 둘째, 셋째, 그리고 마지막 부분을 지칭하는데, 예컨대 I, 24d는 Vol. I, p. 24의 마지막 부분이라는 뜻이다.

I. 자료들

The Holy Bible, Containing the Old and New Testament(American Revised Version), New York, 1898.

Apocrypah, 2 vos., edited by Henry Wace, D. D., London, 1888.(특히 집회서와 마카비서)

The Babylonian Talmud, edited by M. L. Rodkinson, 11 vols., New York, 1900.(만족스런 번역은 아니지만 활용할 수 있는 유일한 영문판이다.)

II. 유대인의 일반 역사 및 역사적 묘사

Barton, George Aaron, A Sketch of Semitic Origins, Social and Religious, New York, 1902.

Cornil, C. H. History of the People of Israel, 4th ed., Chicago, 1909.

Cook, Stanley Arthur, Old Testament History in article on "Palestine," The Encyclopedia Britannica, 11th ed., XX, 605c-617b.

Ewald, Georg Heinrich August, The History of Israel (독일어판을 번역), 8 vols., London, 1878-1886.

Graetz, H., Geschichte der Juden von den aeltesten Zeiten bis auf die Gegenwart, 1 vols., Leipsic, 1870-1888.(새로운 판은 1911년에 출판되었다.)

Graetz, H., History of the Jews, From the Earliest Times to 1870, 6 vols., Philadelphia, 1891-1898.(저자의 독일어 작품을 단순히 번역하지 않고 개정하고 확대했다. I, p. vi를 볼 것. VI에는 완벽한 색인과 도표가 포함되어 있다. 영문판에는 각주가 생략되었다.)

Hommel, Fritz, The Civilization of the East, (J. H. Loewe가 독일어판을 번역), London, 1900.

Hosmer, J. K., The Jews in Ancient, M edicrval and Modern Times, New York and London, 1889.

Kent, Charles Foster, A History of the Hebrew People. New York, 1896.

Kent, Charles Foster, Narratives of the Beginnings of Hebrew Hislory, New York, 1904.

Kent, Charles Foster, Israel's Historical and Biographical Narratives New York, 1905.

Kent, Charles Foster, The Sermon.s, Epistles and Apocalypses of Israel's Prophets, New York, 1910.

Kent, Charles Foster, Biblical Geography and History, New York, 1911.

McCurdy, James Frederick, History, Prophecy and the Monuments, 3 vols., New York and London, 1894-1901.

Olmstead, A. T., Western Asia in the Days of Sargon of Assyria, 722-705 B. C., A Study in Oriental History, New York, 1908.

Ottley, R. L., A Short History of the Hebrews to the Roman Period, New York, 1901.

Peritz, Ismar J., Old Testal1lent History, New York, 1915.

Renan, Joseph Ernest, History of the People of Israel, 5 vols.,(J. H. Allen과 E. W. Latimer가 프랑스판을 번역), Boston, 1889-1896.

Sayce, Archibald Henry, Light from Ancient Monuments, 10th impression, London, 1909.(언제나 흥미롭지만 조심스럽게 활용해야 한다.)

Schuerer, Emil, History of the Jewish People in the Time of Jesus Christ, 5 vols., 2d ed., New York, 1891.

Smith, Henry Preserved, Old Testament Histor)', New York, 1906.

Wellhausen, J., Sketch of the History of Israel and Judah, 3d ed.

London, 1891.

Ⅲ. 대표적인 교육 논문들

Blach-Gudensberg, Das Poedagogische im Talmud, Halberstadt, 1881.(강의, 26쪽)

Cheyne, T. K., and Black, J. S., Articles on "Education" and on "Government," Encyclopedia Biblica.

Cornill, Carl Heinrich, The Culture of Ancient Israel.(독일어판 을 여러 저자들이 번역), Chicago, 1914.(특히 "The Education of Children in Ancient Israel," pp. 68-100.)

Edersheim, Alfred, In the Days of Christ: Sketches of Jewish Social Life, New York, 1876.(Ⅵ-Ⅷ장은 교육과 관련된 내용을 다룬 다.)

Ellis, A. C., "Growth of the Sunday School Idea." Ped. Seminary, 1896, Ⅲ, 375-377.

Ellis, G. Harold, "Origin and Development of Jewish Education," Ped. Seminary, 1902, Ⅸ, 50-62.

Ellis, G. Harold, "The Pedagogy of Jesus," Ped. Seminary, 1902, Ⅸ, 441-459.

Guedemann, M., Quellenschriften zur Geschichte des Unterrichts und der Erziehung bei den deutschen Juden. Von den aeltesten Zeiten bis Mendelssohn, Berlin, 1891.

Guttmann, J., Die Scholastik des XIII. Jahrhunderts in ihren Beziehungen zum Judentum und zur juedischen Literatur, Breslau, 1902.

Imber, N. H., Education and the Talmud, Report of the U. S. Commissioner of Education, 1894-1895, II, 1795-1820.(흥미롭지만 신뢰할 수 없다.)

Imber, N. H., The Letters of Rabbi Akibah, or The Jewish Primer··· Two Thousand Years Ago, Report of the U. S. Commissioner of Education, 1895-1896, I, 701-719.

Kandel, Isaac L., and Grossmann, Louis, "Jewish Education, Ancient, Medieval, Modern," Monroe's Cyclopedia of Education, III, 542-553.

Kennedy, A. R. S., "Education," Hastings' Bible Dictionary, I, 646b-652a.

Kent, Charles Foster, The Great Teachers of Judaism and Christianity, Boston and Chicago, 1911.

Kohler, Guedemann, Deutsch and Jacobs(공저), "Education," The Jewish Encyclopedia, V, 42a-48c.

Leipziger, H. M., Education Among the Jews, New York, 1890, (= Vol. III, No. 6 of Educational Monographs, published by the New York College for the Training of Teachers).(이 논문은 주로 Dr. Samuel Marcus의 논문 "Zur Schlpaedagogik des Talmud"를 각색했다.)

Levy, Clifton H., "Education Among the Ancient Hebrews,"

Education, XVII, 457-462.(너무 일반적이라서 큰 가치는 없다. 현대 독자들에게 도움을 주려고 자주 도덕적으로 설명한다.)

Lewit, J., Darstellung der theoretischen und praktischen Paedagogik im juedischen Altertume nach dem Talmud. Berlin, 1896.

Marcus, Samuel, Die Paedagogik des israelitischen Volkes: Part I, "Die Bibel ein Buch der Erziehung"; Part II, "Zur Schulpaedagogik des Talmud," 2 vols., Vienna, 1877.

Raphall, Morris J., "Education Among the Hebrews, An Introductory Sketch," Barnard's American Journal of Education, 1856, I, 243-246.(너무 간단해서 큰 가치는 없다. 무비판적이다.)

Schechter, Solomon, Studies in Judaism, First Series, chapter on "The Child in Jewish Literature," Philadelphia, 1911.

Simon, Joseph, L'education et l'instruction des enfants chez les anciens Juifs d'apres la Bible et le Talmud, Leipsic, 1879.

Spiers, B., School System of the Talmud, London, 1898.

Strassburger, B., Geschichte der Erziehung und des Unterrichts bei den Israeliten, von der vortalmudischen Zeit bis auf die Gegenwart. Bibliographie der juedischen Paedagogik, Breslau, 1885.

Wiesen, J., Geschichte und Methodik des Schulwesens im talmudischen Altertume, Strassburg, 1892.

IV. 다양한 이차 자료들
(다양한 유대인의 생활을 주제로 한)

Abbot, G. F., Israel in Europe, New York and London, 1907.

Abrahams, Israel, Jewish Life in the Middle Ages, (놀이와 극장을 다루는 장들), New York and London, 1896.

Askowith, D., The Toleration and Persecution of the Jews in the Roman Empire, New York, 1915.

Baudissin, Wolf Wilhelm, Graf. Die Geschichte des alttestamentlichen Priestertums, Leipsic, 1889.

Baudissin, Wolf, "Priests and Levites," Hastings' Bible Dictionary, IV, 67-97.

Benny, P. B., Criminal Code of the Jews According to the Talmud, London, 1880.

Briggs, Charles Augustus, The Higher Criticism of the Hexateuch, New York, 1897.

Briggs, Charles Augustus, General Introduction to the Study of Holy Scripture, New York, 1899.

Buhl, Frants Peder William, "Feasts and Festivals," The New Schaff-Herzog Encyclopedia of Religious Knowledge, IV, 287c-289b.

Cheyne, T. K., Jewish Religious Life After the Exile, New York and London, 1901.

Cornill, C. H., Prophets of Israel, (S. F. Corkran 번역), Chicago,

1895.

Crozier, John Beattie, History of Intellectual Development on the Lines of Modern Evolution, 2 vols., London, 1897-1901.(특별히 III 부, "The Evolution of Judaism," II, IV, V, VI장을 볼 것)

Davidson, A. B., Old Testament Prophecy, edited by J. A. Paterson, Edinburgh, 1904.

Day, Edward, The Social Life of the Hebrews, New York, 1901.("전 체 주제를 포괄하는 최고의 영어 단행본이다.")

Delitzsch, Franz Julius, Jewish Artisan Life in the Time of Jesus According to Oldest Sources.(B. Pick 번역), New York, 1885.

Doughty, C. M., Travels in Arabia Deserta, 2 vols., Cambridge(England), 1909.(지역적인 색채는 단연 압도적이다)

Driver, S. R., An Introduction to the Literature of the Old Testament, New York, 1914.

Drew, G. S., "On the Social and Sanitary Laws of Moses," Contemporary Review, 1866. II(May to August), 514-534.

Duff, Archibald. The Theology and Ethics of the Hebrews, New York, 1902.

Edersheim, Alfred, In the Days of Christ: Sketches of Jewish Social Life, New York, 1876.

Engel C., Music of the Most Ancient Nations, Particularly of the Assyrians, Egyptians and Hebrews, London, 1864.

Fenton, John, Early Hebrew Life, A Study in Sociology, London, 1880.

Fleury, Claude, Manners of Ancient Israelites, New York, 1837.

Hinsdale, B. A., Jesus as a Teacher and the Making of the New Testament, St. Louis, 1895.

Jevons, Frank Byron, An Introduction to the History of Religion, 6th ed, London, 1914.

Landau, Richard, Geschichte der juedischen Aerzte, Berlin, 1895.

Maimon, Solomon, An Autobiography, (J. C. Murray 번역), Boston, 1888.

Margliouth, G., "Games Hebrew and Jewish," Hasting's Encyclopedia of Religion and Ethics, VI, 171d-175b.

Marsden, J. B., The Influence of the Mosaic Code Upon Subsequent Legislation, London, 1862.

Montefiore, C. G., "Lectures on the Origin and Growth of Religion as Illustrated by the Religion of the Ancient Hebrews," Hibbert Lectures, 1892, 3d ed., London, 1897.

Peritz, I. J., "Woman in the Ancient Hebrew Cult," Journal of Biblical Literature, 1898, XVII, 111-148.

Renan, Ernest, Averroes et l'Averroisme, essai historique, 3d ed., Paris, 1866.

Rosenau, William, Jewish Ceremonial Institutions and Customs, 2d ed., Baltimore, 1912.

Ruppin, Arthur, The Jews of Today, (Margery Bentwich가 독일어 판에서 번역), New York, 1913.

Sayce, Archibald Henry, The Archeology of the Cuneiform Inscriptions, London, 1908.

Schechter, Solomon, Studies in Judaism, 2 vols., Philadelphia, 1908 and 1911.

Schenk, F. S., The Sociology of the Bible, New York. 1909.

Seidel, Martin, In the Time of Jesus, New York, 1885.

Singer, S., Annotated Edition of the Authorized Daily Prayer-Book with Historical and Explanatory Notes, annotated by Israel Abrahams, London, 1914.

Smith, George Adam, The Historical Geography of the Holy Land, 3d ed., New York, 1895.

Smith, George Adam, Jerusalem: The Topography, Economics and History from the Earliest Times to 70 A. D., 2 vols., London, 1908.

Smith, William Robertson, Kinship and Marriage in Early Arabia, London, 1903.

Smith, W. R., The Prophets of Israel and Their Place in History to the Close of the Eighth Century B. C., London, 1907. (이 주제를 영어로 다루는 대부분의 작품들은 역사적인 것보다는 더 신학적이지만, W. R. Smith는 8세기가 마무리 될 때까지의 역사와 관련된 히브리 예언을 서술한다.)

Soares, Theodore Gerald, The Social Institutions and Ideals of the Bible, New York, 1915.

Von Dobschuetz, Ernst, The Influence of the Bible on Civilization, New York, 1914.

Yellin, D., and Abrahams, I., Maimonides, Philadelphia, 1903.

색인

부록 1

하나님을 섬기는 개인의 훈련 *

　지금껏 유대인들보다 의도적으로 아동을 중심에 세운 민족은 없었다. 유대인들에게는 아동이 공동체에서 무엇보다 중요한 존재였다고 말하더라도 잘못은 아닐 것이다. 랍비 성 유다(Judah the Holy)는 이런 유명한 말을 했다. "세계는 학교에서 배우는 아동의 숨결에 의해서만 존립한다." 또 다른 랍비는 하나님이 이렇게 말씀한다고 생각했다. "내게는 제물의 향기보다 학교에 다니는 아동의 숨결이 더 소중하다." 무엇보다 가장 사랑스러운 것 가운데 하나는 출애굽기 25장 34절에 관한 미드라쉬(Midrash)이다. 그 구전에는 성전에 있는 일곱 개의 가지가 달린 금 등대가 묘사되어 있다. "등대 줄기에는 살구꽃 형상의 잔 넷과 꽃받침과 꽃이 있게 하라." 이어서 해석이 나온다. "꽃―이것들은 학교에 다니는 아동이다."[1] 유대인들은 사람 가운데 아동이 하나님에게 가장 소중한 존재라고 굳게 확신했다.

　이런 이상에 따라서 교육은 당연히 유대인들의 우선순위에서 아주 높은 자리를 차지했다. 역대상 16장 22절을 읽어보면 "나의 기름부은 자를 만지지 말며 나의 선지자를 상하지 말라"고 한다. 여기서 "나의 기름부은 자를 만지지 말라"는 학교에 다니는 아동을 가리키고, 또 "나의 선지자를 상하지 말라"는 교사를 뜻한다. 집회서 서문의 저자는 이렇게 단언한다. "우리는 반드시 이스라엘이 **훈육**

* William Barclay, *Educational Ideals in the Ancient World*(Grand Rapids: Baker Book House, 1974), chap. 1.

(paideia)과 **지혜**(sophia)를 찬양하게 만들어야 한다." 탈무드는 말한다. "학교에 아동이 있는 한 이스라엘의 적들은 승리할 수 없다."[2] 랍비 요수아 벤 페라키아(Joshua ben Perachiah)는 말했다. "여러분 스스로 선생이 되라."[3] 교육을 중단하느니 차라리 성전건물의 건축을 중단할 수 있다고 할 정도로 교육은 중요했다. "지성소는 파괴하라. 그러나 아동은 학교에 가게 하라."[4] 요세푸스는 "우리의 토양은 훌륭하고 또 우리는 그것을 최대한 일구지만, 우리의 주요 관심은 아동 교육에 있다"고 기록한다.[5] 같은 글에서 그는 계속한다. "우리는 아동을 교육하는 데 따른 모든 고통을 대부분 감수하고, 또 율법의 준수와 우리 생애를 통틀어 가장 소중한 일인 율법에 상응하는 경건을 자랑한다."

어떤 의미에서 이런 교육은 아주 일찍 시작할 수 없었다. 탈무드는 "만일 우리의 자녀들이 어려서 신앙을 갖지 못한다면 우리는 분명히 뒤에 아무것도 할 수 없게 된다."고 한다.[6] 요세푸스는 이렇게 기록한다. "누구든지 율법에 관해서 우리 가운데 한 사람에게 묻는다면, 그는 자신의 이름보다 더 간단하게 반복할 것이다. 우리의 의식이 자리 잡을 때부터 배우기 때문에 그것들을 마치 우리의 영혼에 새겨진 것처럼 소유하고 있다."[7] 필로는 말한다. "유대인들은 자신들의 율법을 신적 계시로 자랑하고, 또 아주 어려서부터 거기에 담긴 지식을 교육받는 탓에 자신들의 영혼에 율법의 이미지를 지니고 있다.…그들은 말하자면, 거룩한 율법과 규정되지 않은 관습을 교육받기 이전부터 교사나 부모, 혹은 자신들을 돌보는 이들로부터 유일한 아버지이자 세계의 창조자이신 하나님을 믿도록 강보에서부터 교육을 받았다."[8] 학교가 그러한 분위기 가운데 한 사람은 아

침에 하는 금식을 아동을 등교시키기 전까지 계속하곤 했다고 전해
진다.[9]

　스켁터(Schechter)는 학교가 시내산과 맞먹을 정도였고, 그리고
입학식 날은 율법계시의 축제와 같았다고 한다.[10] 아동이 입학하는
날에 치러진 의식을 스켁터는 완벽하게 소개한다. 이 의식은 신약
시대보다 후대의 것이 분명하지만, 시기에 상관없이 유대인들의 교
육 사상을 보여주는 적절하면서도 값진 것들이다. 학교에 처음으로
가야 하는 날 소년은 새벽이 되기도 전인, 아직 어둠이 걷히지 않은
때 잠자리에서 일어났다. 몸을 씻은 후에 '술 달린' 겉옷을 입었다.
새벽이 되자마자 아버지, 또는 아버지가 할 수 없을 경우에는 지혜
로운 친지가 아동을 데리고 회당으로 갔다. 아동은 출애굽기 20장 2
절-26절, 즉 하나님이 모세에게 율법을 계시하는 내용의 두루마리
가 정면에 펼쳐진 독서대로 인도되었다. 이어서 그 내용이 입학식
을 위한 구절로 크게 낭독되었다. 이후에 아동은 교사의 집으로 안
내되었고, 교사는 그를 두 팔로 안아 맞았다. 아동에게는 다양하게
결합된 형태로 기록된 알파벳, 그리고 기본적인 율법의 본문 두 구
절―"모세가 우리에게 율법을 명하였으니 곧 야곱의 총회의 기업이
로다,"[11] 또 "여호와께서 모세에게 고하여 이르시되"[12]―이 담긴 석판
이 주어졌다. 그것 외에도 "율법은 나의 소명이 될 것이다"라는 구
절이 하나 더 있었다. 교사가 이것들을 아동에게 읽어주면 아동은
교사를 따라서 반복했다. 그 다음에 석판에 꿀을 바르면 아동은 그
것을 혀로 핥았다. 이것은 에스겔이 두루마리를 먹었던 경험을 기
념하는 것이다. "그것이 내 입에서 달기가 꿀 같더라."[13] 그리고 나
서 아동에게는 율법을 칭송하는 구절들을 발췌해서 기록한 달콤한

케이크가 제공되었다. 끝으로 아동의 마음이 열리고 또 기억력이 좋아지도록 천사에게 하는 기도가 있고, 그런 뒤에야 학교는 또 한 명의 유대 아동에게 개방되었다.[14] 이것이 소년의 마음에 깊이 새겨진 채 계속해서 남게 될 의식이라는 것은 쉽게 알 수 있다. 바로 이것이 유대의 이상에서 학교가 차지한 위치였다. 하지만 이 일반적인 유대의 교육적 이상에 추가되어야 할 핵심적인 요소 두 가지가 더 있다.

유대교육이 전적으로 종교교육이었다는 것은 언제나 기억되어 왔다. 성서 이외의 교과서는 없었다. 초등교육은 모두 율법을 읽기 위한 준비였고, 고등교육 역시 전부가 그것을 읽고 연구하는 것이었다. "그 기초는 성서의 본문이었으며, 그것의 가장 큰 목적은 하나님의 방식대로 그 제자들을 훈련시키는 것이었으며, 그것은 자세한 율법의 지식에 근거했다."[15] 요세푸스는 모세를 거론한다. "그는 아동에게 지식의 요소(grammata)를 가르칠 것과 율법을 따라서 살 것과 조상의 행적을 알도록 교육할 것을 명령했다."[16] 샴마이(Shammai)는 "율법 공부를 자신의 전문직으로 삼으라"고 말했다.[17] 힐렐은 이렇게 말했다. "무지한 사람(즉 율법을 모르는 사람)은 진실로 경건할 수 없다." 그는 덧붙여서 말한다. "율법을 가르치면 가르칠수록 더욱 도덕적인 생활을 할 수 있으며, 학교가 많으면 많을수록 더욱 지혜로워지며, 충고를 하면 할수록 더욱 이성적인 행동을 하게 되는 법이다."[18] 유대인들은 결코 이것이 쉽다고 생각하지 않았다. 그와 같은 지식은 노고를 치르고 얻을 수 있을 뿐이었다. 어떤 이가 자신의 아버지의 재산을 물려받듯이 지식을 물려받지 못한다. 지식은 그곳에 있지만 세대마다 그것을 힘써 얻어야 하고, 또 그것 자체에 입문하지 않으면 안 된다. 제사장 랍비 요세스(Joses)는 이렇게 말했다. "율법을 배우는 일에 힘쓰라. 그것은 물려받는 것이 아니다."[19] 벨하우젠(Welhausen)은 말했다. "거룩한 글들이 알파벳 책이 되었고, 학교와 종교라는 사회는 가르치고 배우는 일이 되었다.…경건과 교육은 불가분의 것이 되었고, 읽을 수 없는 사람은 누구든지 진정한 유대인이 아니었다."[20] 부켓(A. C. Bouquet)이 "향후 800년 간 가장 문자 해독률이 높은 시기"라고 말할 정도로 신약성서 시대에 이 교육은 아주 광범위하게 널리 보급되었다.[21]

그러나 이 형식에 추가될 두 번째 주요 요소는 무엇보다 중요하다. 그것은 전체 상황의 핵심에 자리하는 요소이다. 학교에 대한 유대인의 이상이 높기는 했어도 유대인들에게 있어서 진정한 교육의 핵심은 가정이다. 유대인들에게 교육은 어떤 학문 내지는 기술적 지식의 유형에 대한 교육이 아닌, 거룩에 관한 교육이었다. 조셉(Morris Joseph)은 이스라엘의 초기 역사를 언급하면서 이렇게 기록한다. "세속교육의 흔적은 거의 없다. 보다 넓은 의미에서 교육과 관계된 모든 의식들(ordinances)은 그것을 도덕 및 종교생활을 위한 준비나 성격개발의 도구로서 취급한다."[22]

그것이 교육의 기능이었다고 한다면, 가정은 분명히 그것의 핵심이다. 포로기 이전 시대의 유대 역사에는 학교의 흔적이 전혀 없다. "유일한 학교는 가정이었고, 부모는 유일한 교사였다."[23] 거기에 단 하나의 예외는 왕가의 아동이 특별교사를 둘 수 있었다는 것이다. 열왕기하 10장 1절과 5절은 "아합의 자녀들을 기르는 이들", 또 "왕자를 교육하는 자들"에 관해서 언급하고 있다. 케네디(A. R. S. Kennedy)는 사무엘하 12장 25절이 어린 솔로몬을 나단 선지자가 돌본 것을 가리킬지도 모른다고 주장한다.[24] 하지만 그것은 왕실에서의 일이었고, 일반 사람의 가정에서는 분명히 부모가 유일한 교사일 뿐이었다. 조셉은 두 가지 문장에서 전문적 교사에 대한 희미한 단서를 찾는다. 시편 119편 99절에서 시편 기자는 노래한다. "나의 명철함이 나의 모든 스승보다 승하며." 그리고 잠언 5장 13절은 부주의한 자가 후회하게 될 날이 닥치지 않도록 지혜에 주의할 것을 호소한다. "내 선생의 목소리를 청종치 아니하며 나를 가르치는 이에게 귀를 기울이지 아니하였던고." 그러나 어떻든 간에 이 구절들을 포로기 이전 시대보다 훨씬 더 이전 시기와 관계가 있다.

따라서 가정은 아동교육의 중심이다. 엡스테인(Isidore Epstein)은 "가정은 유대의 모든 덕목들의 온상이 되어야 한다.…자녀교육에 대한 부모의 의무를 유대교보다 더 크게 강조해온 종교는 존재하지 않는다." 그가 간주하듯이 학교의 역할이 제아무리 크더라도 학교는 본래 '보조적인 가정'에 머물렀다.[25]

잠언 기자는 잘 훈련된 아동의 부모가 얻는 기쁨과, 또 가정에서의 훈련과 훈계를 받지 않은 자녀를 둔 이들의 슬픔을 알고 있었다. "지혜로운 아들은 아비로 기쁘게 하거니와 미련한 아들은 어미의 근심이니라." "의인의 아비는 크게 즐거울 것이요 지혜로운 자식을 낳은 자는 그를 인하여 즐거울 것이니라." "미련한 아들은 그 아비의 근심이 되고 그 어미의 고통이 되느니라."[26] 따라서 아동을 교육할 책임은 부모들에게 분명하면서도 직접적으로 주어졌고, 또 그것은 학교가 존재하기 이전만큼이나 학교가 존재할 당시에도 변함이 없었다.

탈무드에서처럼 아버지는 자식에게 장사를 가르칠 의무가 있었는데 "아들에게 장사를 가르치지 않는 사람은 누구나 그에게 도둑질을 가르치는 것이기" 때문이다.[27] 아버지의 삼중적 의무는 아들에게 율법을 가르치고, 결혼시키고, 그리고 손재주를 가르치는 것이다.[28] 부모의 이러한 의무는 반복해서 암시되거나 전달되었다. "내 아들아 네 아비의 훈계를 들으며 네 어미의 법을 떠나지 말라." "아들들아 아비의 훈계를 들으며 명철을 얻기에 주의하라." "내 아들아 네 아비의 명령을 지키며 네 어미의 법을 떠나지 말고." "지혜로운 아들은 아비의 훈계를 들으나"[29] 부모의 가르침에 대한 명령은 합창처럼 신명기 전체로 파급된다. "오직 너는 스스로 삼가며 네 마음을 힘써 지키라 두렵건대 네가 그 목도한 일을 잊어버릴까 하노라 두렵건대 네 생존하는 날 동안에 그 일들이 네 마음에서 떠날까 하노라 너는 그 일들을 네 아들들과 네 손자들에게 알게 하라." "네 자녀에게 부지런히 가르치며 집에 앉았을 때에든지 길에 행할 때에든지 누웠을 때에든지 일어날 때에든지 이 말씀을 강론할 것이며." 부모는 "후일에 네 아들이 네게 묻기를 우리 하나님 여호와의 명하신 증거와 말씀과 규례와 법도가 무슨 뜻이뇨 하거든" 답할 준비가 되어 있어야 했다. "내가 오늘날 너희에게 증거한 모든 말을 너희 마음에 두고 너희 자녀에게 명하여 이 율법의 모든 말씀을 지켜 행하게 하라."[30] 부모는 아동에게 하나님이 자기 백성 이스라엘을 위해 행하신 위대한 일들을 언제나 되풀이할 수 있거나 그럴 준비가 되어 있어야 하고, 또 기꺼이 그래야 한다. "옛날을 기억하라 역대의 연대를 생각하라 네 아비에게 물으라 그가 네게 설명할 것이요 네 어른들에게 물으라 그들이 네게 이르리로다." "우리가 이를 그 자손에게 숨기지 아니하고 여호와의 영예와 그 능력과 기이한 사적을 후대에 전하리로다."[31]

　랍비들은 거듭해서 아버지의 의무를 강조한다. "아버지는 자신의 가르침을 무시하는 자녀를 죽일 수도 있다"고 랍비 살로모 (Salomo)는 말했다.[32] 아동은 말을 할 수 있게 되자마자(즉 세 살 이후에) 아버지로부터 율법을 교육받았다.[33] 유대인들이 여성교육을 거부했다고 종종 지적되었고, 또 기술교육에서는 여자들을 완벽하게 배제한 것도 사실이지만, 이 부모의 교육에서 어머니의 위치에 주목하는 것은 적절하다. 어머니는 거듭 언급되었으며, 지혜자 레무엘 (Lemuel) 왕은 "자신의 모친이 가르쳐준" 예언을 전한다.[34] 유대가정에서 아버지와 어머니는 아동교육의 책임을 분담했다. 유대교육에 대한 어떤 검토에서도 다음 두 가지 사실을 기억하는 게 필수적이다. 먼저, 유대교육은 거의 전적으로 종교교육이었다. 그리고 둘째, 어느 때고 간에 중심은 가정이고, 만일 아동이 하나님의 율법을 준행하게 하려고 하면 그 교육의 책임은 부모가 간단히 넘길 수 없는 특별한 일이었다.

　따라서 교육이 유대의 가치의 규모 속에서 유지해온 자리를 살펴본 우리는 이제 유대교육의 실제과정을 검토하는 것으로 넘어가야 한다. 이 목적에 따라서 유대교육을 대략 두 부분, 즉 에스라 이전과 에스라 이후로 구분한다. 이 구분은 사람들이 아주 명확하게 율법의 백성이 되기 이전과 이후를 가리킨다. 우리는 앞에서 포로기 이전 시대의 유대인들 사이에는 학교나 공교육과 같은 것들이 존재하지 않았음을 살펴본 바 있다. 그렇다면 당시의 교육은 어떻게 실시되었을까?

　초기의 이스라엘은 일차적으로 농경민들이었고, 따라서 농사는 본래 종교적 영역에 속하였다. 출생과 성장 과정만큼 분명하게 하나님을 알 수 있는 곳은 아무 곳도 없지만, 그것은 농경문화 생활의 활동에서는 일반적이다. 흙을 가까이하는 사람은 하나님을 역시 가까이하는 것이라는 말은 사실이다. 다만 그것을 볼 수 있는 눈을 가지고 있는 경우에 국한된다. 농경 문화적 필요성과 과정들에 대한 성서구절을 연구하고, 또 이면에 담긴 종교 원리와 확신을 성서의 사고로 살피는 것은 아주 흥미롭다.[35] 이들 구절을 통해서 기본적인 신앙을 확인하게 된다.

하나님은 인간에게 흙에 대한 과업을 맡겼다. 남자가 에덴동산에서 추방되었을 당시 그는 "자신이 만들어진 토지를 경작하도록" 내어 보내졌다.[36] 흙을 일구는 일은 비록 징계로 간주될 수도 있기는 하지만, 인간은 하나님이 맡긴 일을 하는 것이었다.

인간의 일에 대한 지식은 하나님에 의해서 주어진다. 아주 실제적인 의미에서 볼 때, 농사의 진행에 대한 지식 역시 하나님으로부터의 계시다. 이사야는 말한다. "파종하려고 가는 자가 어찌 끊이지 않고 갈기만 하겠느냐 그 땅을 개간하며 고르게만 하겠느냐 지면을 이미 평평히 하였으면 소회향을 뿌리며 대회향을 뿌리며 소맥을 줄줄이 심으며 대맥을 정한 곳에 심으며 귀리를 그 가에 심지 않겠느냐 이는 그의 하나님이 그에게 적당한 방법으로 보이사 가르치셨음이며,"[37] 실제로 이사야는 땅에서 일하는 인간은 하나님이 일러준 필수적인 지식 없이는 해야 할 일을 알지 못했을 것이라고 말한다. 예언자처럼 농부도 하나님의 교훈을 받았다.

수확의 성패는 오직 하나님이 조성하는 환경에 좌우된다. 예레미야는 "이른 비와 늦은 비를 때를 따라 주시는 우리 하나님 여호와"

를 이야기한다. 그는 비를 내릴 수 있는 어떤 "이방의 허무한 것들"이 있는가를 묻는다.[38] 추수 기한을 정하는 식으로 우주를 통치하는 존재는 하나님뿐이다.

게다가 유대인들은 우주가 도덕적으로 통제되고, 자연 질서는 도덕적으로 조건화되고, 도덕법칙이 자연 질서 안에서 스스로 운동한다고 믿었다. 하나님은 비를 내릴 뿐 아니라, 백성이 범죄하면 비를 내리지 않게도 한다. 아모스는 하나님의 음성을 들었다. "추수하기 석 달 전에 내가 너희에게 비를 멈추어."[39] 신명기에서는 그것이 바로 하나님이 거룩한 율법을 시행하려고 우주 그대로를 활용하는 원리가 된다. "내가 오늘날 너희에게 명하는 나의 명령을 너희가 만일 청종하고 너희의 하나님 여호와를 사랑하여 마음을 다하고 성품을 다하여 섬기면 여호와께서 너희 땅에 이른 비, 늦은 비를 적당한 때에 내리시리니 너희가 곡식과 포도주와 기름을 얻을 것이요 또 육축을 위하여 들에 풀이 나게 하시리니 네게 먹고 배부를 것이라 너희는 스스로 삼가라 두렵건대 마음에 미혹하여 돌이켜 다른 신들을 섬기며 그것에게 절하므로 여호와께서 너희에게 진노하사 하늘을 닫아 비를 내리지 아니하여 땅으로 소산을 내지 않게 하시므로 너희가 여호와의 주신 아름다운 땅에서 속히 멸망할까 하노라."[40] 유대인들은 생명체가 의지하는 자연의 진행 가운데 하나님이 부단히 활동한다고 생각했다.

끝으로, 유대인들이 인정하듯이 인간이 거주하는 토지는 하나님에게 속했다. 땅은 하나님의 소유이며, 따라서 인간은 임차인에 불과했다. "토지를 영영히 팔지 말 것은 토지는 다 내 것임이라 너희는 나그네요 우거하는 자로서 나와 함께 있느니라."[41] 유대인은 스스로를 하나님의 임차인으로 간주했다.

이 모든 것들이 유대인들의 농경과 토지에 대한 견해를 훈련시켰다. 유대인들은 그것을 잊었을지 모르지만, 언제나 예언자의 소리가 그것을 일깨우든지, 아니면 하나님께 대한 의존적 자각으로 몰아가는 자연스러운 사건들이 일어났다. 어떤 형태로든지 형식적 교육이 존재하기 훨씬 이전에도 아동과 청소년들은 양식과 생계가 달린 단순한 과정들을 훈련 받아야만 했을 것이고, 그것을 훈련받은 그들은 아마 절반은 의식적으로, 어쩌면 그것들을 배우기보다는 오히려 그것들에 빠져드는 과정을 통해서 자신들의 가슴 속에 이 신앙들을 간직하지 않을 수 없었을 것이다. 유대인들의 경우에는 땅에서 일하는 게 하나님의 방식으로 부단히 교육받는 것이었을지 모른다.

아주 실제적인 교육방법을 제공했던 것으로 보이는 유대 공동체 생활의 또 다른 필수적인 부분이 존재했다. 그런 방법은 민족적인 3대 절기나 명절—유월절, 오순절 그리고 초막절-에서 찾아냈을 것이다. 유대법에서는 아버지가 주요 절기를 자식에게 반드시 설명하도록 규정했다. 아들이 '증거와 규례와 법도'의 뜻을 물을 때 아버지는 설명할 준비가 되어 있어야 한다.[42] 그런데 지금까지 충분히 인식되지 못했던 것은 이 주요 절기들에 **역사적** 의미 이외에도 **농경적** 의미 역시 포함되었다는 사실이다. 그 절기들은 역사적 사건들을 기념할 뿐만 아니라 농사일정의 주기를 결정했기 때문에 농경적 의미는 절기들과 연관된 역사적 의미보다 더 원초적이었다는 게 아마 사실일 것이다. 절기들이 지닌 의미는 이렇다. 유월절(Passover)은 유대인들이 이집트에서의 노예처지와 속박에서 구원된 것을 기념했고, 오순절(Pentecost)은 시내산에서 율법을 받은 것을 기념했다. 그리고 나뭇가지로 만든 가건물에서 생활하는 초막절은 광야를 지나 약속의 땅으로 들어가는 여정을 기념했다. 출애굽기에는 세 가지 주요 절기의 목록이 있는데, 그때에는 "모든 남자는 주 여호와께 보여야" 한다. 유월절은 역사적 용어로 설명되어 있다. 그것은 아빕(Abib)월의 정한 때에 지켜야 했는데, "그 달에 애굽에서 나왔기" 때문이다. 그리고 초막절은 수장절(Feast of Ingathering)로 묘사된다.[43] 달리 말하면, 뒤에 있는 두 절기들의 경우에는 당시의 가장 중요한 농경적 의미를 포함했다. 그리고 레위기 역시 유월절에 농경적 의미를 부여한다.[44]

그러면 절기마다 지니고 있던 농경적 의미와 의식이 무엇이었는지 살펴보자.

3월의 유월절은 보리 추수의 시작을 알렸다. 추수한 곡식의 첫 다발은 반드시 제사장에게 가져가서 여호와 앞에서 흔들어야 했다(레위기 23:9-11). 이것과 연관된 그림 같은 아름다운 의식들이 있다. 니산(Nisan)월 14일, 남자들은 임무를 부여받고 보리밭으로 나갔다. 어떤 밭이든 관계없이 그들은 분명히 가장 좋은 다발을 고른 후에 그것을 묶어서 땅 위에 세웠다. 조건이 하나 있었는데 보리가 정원이나 과수원, 혹은 특별히 가꾸거나 준비된 어떤 땅도 아닌 평범한 땅에서 자란 것이어야 했다. 그것은 평범한 작황의 보리였다. 다음날 저녁 무렵 세 명의 남자가 저마다 낫과 바구니를 들고 표시된 다발들을 수확하려고 나갔다. 이것은 아주 인기 있는 의식이라서 수많은 사람들이 참석하였다. 그들은 둘러선 사람들을 돌아보며 독특한 질문을 몇 가지 던졌다. "해가 졌습니까?" "이 낫으로요?" "이 바구니 안에요?" "오늘이요?" "추수할까요?" 묻는 말에 답이 긍정적이면 그들은 추수를 시작했다. 그들은 보리를 베어서 성전 마당으로 가져왔다. 그곳에서 보리는 단단하지 않은 절구 공이로 부서지지 않을 만큼 탈곡되었다. 이어서 그것을 불 위에 올려놓은 구멍 난 그릇에 볶은 뒤에 겨가 날아가도록 바람을 쐬었다. 그것을 보리 맷돌로 갈았다. 기름과 향을 섞은 보리 두 움큼을 향이 피워진 제단 쪽으로 뿌렸다. 나머지 가운데 대략 5핀트(pints)가 제물로 바쳐졌고, 그러고도 남은 것은 제사장의 몫이었고, 순수한 목적이라면 어느 것에도 사용할 수 있었다. 햇보리가 가게에서 거래되고, 또 햇보리가루로 만든 빵을 먹을 수 있는 것은 그 이후부터였다. 이것이 완벽하게 발전된 의식의 형태에 대한 설명임에는 틀림없다. 하지만 그것을 통해서 아동이 이 모든 진행과정에 얼마만큼 관심을 가지고 지켜보는지, 또 왜 그렇게 하는지와 무엇을 뜻하는지를 아동이 어떻게 묻는지, 그리고 아동의 질문 때문에 제시된 가르침으로의 관문이 무엇이었는지 즉시 알게 된다.

오순절은 7주 후인 6월 초에 돌아왔다. 그것은 밀 추수를 기념하기 때문에 의식의 일부는 야웨에게 질 좋은 가루로 만든 빵 두 덩이를 바치는 것이었다.[45] 나중에는 이 빵을 만들고 굽는 자세한 설명이 있었다. 가루는 12회 체로 걸러야 했고, 성전 마당 바깥에서 반죽했지만 굽는 것은 안에서 했다. 빵 귀퉁이마다 제단의 뿔과 비슷하게 손가락 네 마디를 합한 정도의 높이로 뿔을 세웠다. 그것들은 전체 성전 제물 가운데서 평범하고 일상적인 빵을 상징했음을 보여주려고 발효시킨 유일한 것이었다.[46] 여기에서 또다시 빵 덩어리를 응시하는 바로 그 시선은 질문을 일깨우는 것과 맞물려 있었고, 교육의 기회가 또다시 주어지면 의문의 여지없이 받아들였다.

초막절은 9월 말경에 돌아왔다. 그것은 절기들 중에 가장 재미있고, 또 마지막으로 포도를 수확할 때쯤에 돌아왔는데, 그때는 추수가 모두 끝났다. 그 무렵에는 실제로 추수감사 절기들이 막 끝나갔다. 초막절의 특징은 루라브(Lulab)의 전달이었다. 교훈은 이랬다. "너희가 아름다운 나무 실과와 종려가지와 무성한 가지와 시내버들을 취하라."⁴⁷⁾ 무성한 가지는 도금양(myrtle) 가지들로 간주되었다. 따라서 예배자들은 가운데에 종려가지를, 그리고 양편에는 무성한 가지와 시내버들로 만든 일종의 다발을 만들어 가져갔다. 이 것이 루라브였다(문자 그대로의 의미는 종려가지다). 손으로 이것을 들고 가거나 흔들었다. 아름다운 나무 실과는 구변열매(citron)로 간주되었는데, 그것은 또 다른 손에 들었다.⁴⁸⁾ 이 의식의 모든 내용은 이스라엘 사람들이 사막을 가로질러서 약속의 땅에 이르는 경험과 다양한 과정을 상징했다. 종려가지는 계곡과 평지를 상징했는데 그곳에 종려나무가 서식했고, 도금양은 산과 비탈의 버드나무와 관목을 상징하였다. 버들가지는 그들이 마시던 시내를 가리키고, 또 구변열매는 약속의 땅에서 열리는 훌륭한 과일을 상징했다. 당연히 어떤 아동이든지 루라브와 구변열매가 상징하는 바를 물었을 테고, 그설명은 역사와 하나님의 은총에 대한 설명에 이르는 관문이 되었을 것이다.

그 경우에 교육은 필수적이었고 실제로 의식-유월절의 경우에-의 일부였다. "너는 그날에 네 아들에게 뵈어 이르기를 이 예식은 내가 애굽에서 나올 때에 여호와께서 나를 위하여 행하신 일을 인함이라 하고."⁴⁹⁾ 이것은 유월절의 전체 축제 안에서 의식과 통합되었다. 둘째 컵을 섞은 후에 아들은 자기 아버지에게 질문하도록 지시를 받았다(그리고 아들이 질문방법에 대한 아버지의 교훈을 제대로 파악하지 못할 경우에도 그랬다). "왜 오늘 밤만 특별한가요?" "보통 때 우리는 양념을 넣은 음식을 한 번 먹지만, 오늘 밤에는 두 번 먹기 때문이다. 보통 때 우리는 누룩을 넣거나 혹은 그것을 넣지 않은 빵을 먹지만, 오늘 밤에는 모두 누룩을 넣지 않는다. 보통 때 우리는 고기를 굽거나 찌거나 아니면 요리를 해서 먹지만, 오늘은 모두 굽는다." 그리고 아동의 이해 정도에 따라서 아버지는 아들에게 가르친다. "그는 치욕에서 시작해서 영광으로 끝맺는다. 그리고 그는 모든 구간이 끝나기 이전에 '내 조상은 유리하는 아람사람' (신명기 26:5)이라고 설명한다."[50] 유월절 기간에 아동교육을 하는 것은 의무였고, 절기의 주요 부분이었다.

유대절기와 명절들은 그 자체가 역사와 하나님의 관대함을 교육할 수 있는 비길 바 없는 기회였다는 것을 쉽게 알 수 있다. 학교에서 가르치기 전까지는 아들은 아버지로부터 조국의 역사, 하나님의 거룩한 공의 그리고 자연세계에서의 하나님의 은혜를 배우곤 했다. 유대가정에서는 아버지가 아들의 종교교육을 시킬 의무를 받아들이지 않을 수 없었다.

우리는 지금까지 가정에서 실시된 유대교육을 다루었다. 그리고 그것은 공식적인 의미를 지닌 학교가 부분적으로라도 출현하기 이전인 유대 역사의 후기에 해당한다. 그러나 이제는 두 가지 사건들, 즉 궁극적으로 학교를 확실하게 출현시킨 것들에 주목해야만 한다. 먼저 BC 621년에 신명기가 간행되었다. 우리는 지금 문서화된 법규의 서론을 보유하고 있는데, 그것은 실제로 아동에게 가르쳐야 할 교훈과 법규와 계명을 부과한다.[51] 이것은 분명히 문서화된 교육 자료를 집대성한 것이었다. 그러나 에스라의 작품이 훨씬 중요하다. 에스라는 "여호와의 율법을 연구하여 준행하며 율례와 규례를 이스라엘에게 가르치기로 결심했다."[52] 느헤미야에서 우리는 사람들이 어떻게 소집되었고, 그들이 율법을 어떻게 읽었고, 그리고 그대로 복종하기를 어떻게 그들 스스로 서약하고, 또 살았는지를 알게 된다.[53] 그 내용이 실제로 있었던 일에 대한 아주 극적인 설명임에 틀림없다. 우리는 그것 모두를 문자적인 사실로 간주할 필요는 없지만, 상징적으로는 분명히 사실이다. 포로생활에서 귀환할 당시 유대인들은 이미 '책의 백성들'이 되어 있었다. 에스라의 지도하에 문서화된 토라는 '일상관계를 규정하는 규범'으로 받아들여졌다.[54]

우리는 또 이것이 의미하는 바를 주의 깊게 이해할 필요가 있다. 유대인들은 모든 사람들이 책을 소지했고, 읽었고, 공부했다는 의미에서는 '책의 백성'이 아니었다. 사실 개중에는 책을 소유하기도 했지만 교육은 구두로 이루어졌다. 박스(G. H Box)는 "지금도 그렇지만, 동방문화에서는 책에 실린 지식들이 결코 전부가 아니었다."고 한다. 이어서 그는 다음과 같이 스미스(Robertson Smith)의 말을 인용한다. "이상적인 교육은 구두교육이었기 때문에 결코 소멸되지 않는 가장 값진 진리의 전당은 성실한 제자의 기억과 마음이다."[55] 유대인들은 '책의 백성들'이었는데 그것은 저마다 책을 소유해서가 아니라 구두교육을 통해 그들의 정신에 주입되었고, 또 마음에 새겨졌던 삶에 대한 규정을 담은 그릇이 책이었기 때문이다.

따라서 만일 책이 아주 중요했고, 진리를 모두 포괄하고 있었다면 그 책들은 반드시 해석되고 설명되고 또 소개되어야 했을 것이

다. 그러면 책에 담긴 진리는 어디에서 전해졌을까? 그 답은 회당이
다. 회당이 포로상태에서 형성되었다는 것은 조금도 의심할 수 없
다. 포로기 동안에 제사는 불가능했다. 제사는 성전에서만 드릴 수
있었다. 그러나 제사가 불가능할 때조차도 기도와 하나님 말씀에
대한 연구는 계속해서 가능했는데, 이것들은 회당의 핵심요소들이
다. 유대인들은 가능한 한 모든 것의 근원까지 소급하는 성향을 지
니고 있었다. 요세푸스와 필로 두 사람 모두 회당을 모세까지로 소
급시킨다.[56] 그리고 타르굼(Targum)에서는 특이하게도 족장시대로
까지 거슬러 올라간다. 그렇지만 모르긴 해도 포로기 동안에 발전
된 말씀공부와 기도를 위한 안식일 집회의 습관이 귀환 후에도 남
아있었고, 따라서 그것이 회당을 출범시킨 동인이 되었다는 게 가장
타당할 것이다.

　분명히 이 교육은 주로 회당에서 실시되었다. 회당이 현대 교
회 그 이상으로 교육의 장소였다는 것을 분명히 기억해둘 필요가
있다. 안식일에 회당에서 드리던 예배의 목적은 보다 제한적인 의
미에서는 공적 예배도 봉헌도 아닌 종교교육이었다. 필로는 회당
을 '교육의 집'이라고 부른다.[57] 신약성서에서 회당과 관련된 특이
한 용어는 **디다스케인**(didaskein), 즉 '가르치다'이다.[58] 귀네버트(C.
Guignebert)는 회당을 '경건의 모임 터', '종교교육의 중심지'라고 부
르면서 그것은 너무 많아서 당시의 '통속적인 신앙의 대학'이라고
하지 않을 수 없었다고 한다.[59] 회당은 율법이 해석되고 설명되고
또 응용된 중심지였다. 이상과 같은 의미에서 회당은 일반 유대교
육의 핵심이었다. 여기에서 서기관이 그 장면에 등장한 율법이 교
육되고, 설명되고, 정해지지 않을 수 없었다면 반드시 그 임무에 헌

신하고 율법을 알고 또 해석하는 것을 생업으로 삼고, 또 권위를 갖고서 주장할 수 있는 사람들이 있어야 했는데, 그들이 바로 서기관들이었다.

우리가 학교로 알고 있는 것으로 진행하기에 전에 여전히 이 형태에 속한 또 다른 집단이 남아있다. 어떤 의미에서 이 사람들은 서기관들과 같았지만 접근은 달랐다. 이 사람들은 우리가 지혜자(Sages)라고 부를 수 있는 사람들로서, 지혜를 교육했다. 우리는 그들의 교훈을 케네디가 '가장 오랜 교육의 지침서'[60]라고 부르는 잠언과 시락의 자손 예수의 지혜를 담고 있는 집회서, 그리고 솔로몬의 지혜서에서 집중적으로 확인할 수 있다. 이 지혜자들의 교훈보다 유대인의 생활과 도덕에 더 큰 영향을 끼친 것은 전혀 없다. 이 지혜의 개념을 간략하게 검토하고서 구성내용과 교육내용을 살펴보자.

그것은 처음부터 머리에서 나온 지혜나 지식이 아니었다. 그리고 그것은 본질적으로 지적이거나 학문적이지도 않았다. 오이스터리(Oesterley)는 그것에 관해서 이렇게 말한다. "본래 그것은 성격상 무엇이 선하고 무엇이 악한지, 혹 보다 정확하게 말한다면 무엇이 이롭고 또 무엇이 해로운지 구분할 수 있는 능력을 내포했다."[61] 바로 그 때문에 그것은 본질적으로 종교적이었다. 이 지혜에 관한 모든 언급 가운데 가장 특이한 것은 지혜자들이 부단히 훈계한 본문으로 선택된 것으로 보이는 바로 그 구절이다. "여호와를 경외하는 것이 지혜의 근본이다."[62] 집회서는 이 주제를 변형시킨다. "여호와를 경외하는 것이 지혜의 성취다." "여호와를 경외하는 것이 지혜의 면류관이다." "여호와를 경외하는 것이 지혜의 근원이다."[63] 이 지혜는 하나님에 의해서 주어지며 하나님의 계명을 지키는 가운데 얻어진다. "모든 인간에게 지혜를 너그러이 내리시고, 특히 당신을 사랑하는 사람들에게 지혜를 풍부히 나누어 주신다." "지혜를 원하거든 계명을 지키라. 주님께서 지혜를 주시리라."[64] 지혜는 쉽게 소유할 수 없기 때문에 성실하게 뒤따르는 이들만 얻을 수 있을 뿐이다. "지혜는 처음에 그를 험난한 길로 인도한다. 그리고 그를 믿게 될 때까지 법으로 그를 시험하여 무서운 공포심을 안겨주고 규율로 그를 괴롭힌다." "네 발을 지혜의 족쇄로 채우고 네 목에 지혜의 칼을 써라. 네 등을 구부려 지혜의 짐을 지고 그 속박에 짜증내지 말아라."[65] 이런 이유로 지혜는 여러 사람의 소유가 될 수 없다. "지혜는 문자 그대로 지혜라, 아무나 터득하는 것은 아니다."[66] 어리석은 사람은 지혜를 소유할 수 없다. "어리석은 자의 마음은 깨진 그릇과 같아서 아무런 지식도 담을 수 없다."[67] 지혜는 정의로 유지될 수 있을 뿐이며, 그렇지 않으면 잃고 만다. "만일 사람이 지혜의 길을 벗어나면 지혜는 그를 버리고 멸망의 손에 내맡기리라."[68] 하나님의 은총 때문에 이스라엘 사람만 지혜를 소유했다. "나는 이 모든 것들 틈에서 안식처를 구했으며 어떤 곳에 정착할까하고 찾아 다녔다. 온 누리의 창조주께서 나에게 명을 내리시고 나의 창조주께서 내가 살 곳을 정해주시며 너는 야곱의 땅에 네 집을 정하고 이스라엘에서 네 유산을 받아라 하고 말씀하였다.···이렇게 해서 나는 시온에 살게 되었다. 주님은 사랑하시는 이 도읍에 나의 안식처를 마련하셨고 예루살렘을 다스리는 권한을 주셨다. 주님께서 고르시어 차지하시고 영광스럽게 만드신 그 백성 안에 나는 뿌리를 내렸다."[69] 지혜를 소유하고 유지하려는 온갖 수고는 무척 값지다. "지혜를 따르는 사람의 삶은 안전하리라."[70] 지혜는 "가난해도 지혜 있는 사람을 고귀한 인물들과 자리를 같이 할 수 있게" 만든다. [71] 물질의 번창 면에서 지혜의 보상은 놀랍다. "지혜는 그 열매로 사람들을 흡족케 한다. 지혜는 그들의 집 안을 재물로 가득 차게 하고 그들의 곳간을 채워준다."[72] 수고와 훈계의 쇠사슬과 족쇄는 결국 모두 망각될 것이다. "너는 그 지혜에게서 마침내 안식을 얻고 그 지혜는 너에게 기쁨이 되어 주리라. 그때 지혜의 족쇄는 너에게 견고한 방패가 되고 네 목에 쓴 칼은 영광스런 의상이 되리라."[73]

이 간략한 요약에서도 한 가지 사실은 분명해진다. 이 지혜는 하나님의 지혜이며 또 하나님으로부터 나온다. 그것은 본질적으로 종교적이다. 하지만 그것은 그만큼 본질적으로 실제적이기도 하다. 지혜의 목적은 사람이 이론상으로 하나님을 알 수 있게 할 뿐만 아니라, 실제적으로도 현세에서 성공적으로 살아가게 만드는 것이었다. 뷰어(J. A. Bewer)는 이렇게 말한다. "지혜는 사람으로 하여금 행복하고 유복한 생활을 하게하는 현명함과 상식을 뜻한다."[74] 패터슨(John Paterson)은 지혜자들이 "예언자들의 고귀한 가르침을 매개하고 또 일상생활과 경험을 통해 그것들을 해석했던 영적 중개인들"이었다고 한다. 그는 "따라서 당시의 교육의 임무는 지금처럼 '원숭이와 호랑이'같은 인간의 본성을 성취하는 것이라기보다는 오히려 당나귀를 쫓아내는 것이었다."고 그것을 재미있게 표현한다.[75]

이 지혜의 성격은 잠언에서 자주 사용되는 낱말 가운데 하나인 **무사르**(musar)에서도 충분히 확인할 수 있을 것이다. 그것은 잠언에 30회 가량 등장하고, 뜻은 **훈계**(discipline)인데 대개 **교육**(instruction)으로 번역된다. 이 지혜는 성공적인 삶을 훈련한다. 케네디는[76] 잠언에서 되풀이해서 강조되는 것들을 요약하는데, 그것들은 이런 지혜의 범위를 보여준다. 그것은 빈틈없는 예상, 절제, 순결함, 근면, 진실함, 빈민에 대한 배려, 원수들에 대한 가장 이례적이면서도 거짓 없는 고귀한 자비, 진정한 우정의 가치 그리고 훌륭한 여성들의 품위를 가르친다.[77]

후기 표현에서는 본질적으로 종교적인 특성을 잃지 않고, 또 동시에 그것이 율법에 부여한 최고의 자리에서 물러서지도 않으면서 이 지혜는 우리가 교양이라고 부를 수 있는 상당 부분을 받아들인다. 솔로몬의 지혜서에서 지혜자는 지식의 광대함을 주장한다.

> 내가 올바로 깨닫고 그대로 말할 수 있게 해주시며
> 지혜가 가르쳐준 대로 생각할 수 있게 해주기를 하나님께 빈다.
> 하나님은 바로 지혜의 인도자시며
> 지혜자들의 지도자이시다.
> 우리와 우리의 하는 말이 다 그분의 손에 달렸으며
> 모든 현명함과 생활의 지혜 또한 그분께 달려있다.
> 그분은 나에게 만물에 대한 어김없는 지식을 주셔서
> 세계의 구조와 구성요소의 힘을 알게 해주셨으며
> 해가 바뀌는 것과 별들의 자리를 알게 해주셨고
> 동물의 성질과 야수들의 본능,
> 그리고 요귀들의 힘과 인간의 생각,
> 또 각종 식물들과 그 뿌리의 특성을 알게 해주셨다.
> 만물을 만드신 하나님의 지혜와 가르침을 받아서
> 나는 드러나있는 것은 물론 감추어진 모든 것까지도 알게 되었다.
> 지혜 속에 있는 정신은 영리하며 거룩하다.[78]

지혜는 사람에게 천문학, 생물학, 심리학, 식물학 그리고 온갖 종류의 지식에로의 길을 터주었다.

벤 시락(Ben Sirach)은 지혜자는 그 자신을 찾아 어떤 사회든지 출입할 수 있는 충분한 교양을 갖추고, 또 여행 경험이 많은 사람이라고 설명한다.

> 그는 옛 성현들의 지혜를 탐구하고
> 예언을 연구하는 데 자기 시간을 바친다.
> 그는 유명한 사람들의 말을 보전하고
> 비유의 깊은 뜻을 파고든다.
> 그는 격언의 숨은 뜻을 연구하고
> 난해한 비유를 푸는 데 흥미를 느낀다.
> 그는 벼슬에 올라 군주들을 섬기고
> 통치자들의 사이에서 중책을 맡는다.
> 외국을 두루 여행하며
> 인간 사회의 좋은 것과 나쁜 것을 체험으로 안다.
> 아침에 일어나면서 마음을 모두어
> 창조주이신 주님께 생각을 돌리고
> 지극히 높으신 분께 온 마음을 바친다.
> 입을 열면 기도요,
> 자기 죄의 용서를 빈다.[79]

이것이 학자, 해석자, 여행객, 신하 그리고 헌신적인 사람의 모습이다. 우리가 유대교육 현장의 상대적인 협소함을 강조할 경우에 그것은 그 모습의 한 쪽만을 전적으로 기억하는 것이다.

지혜자가 되기 위해서는 노동과 세속적인 활동을 벗어나야 한다는 지혜자의 지각은 이런 모습의 시각에서는 조금도 이상하지 않다. 그가 세상의 일을 하는 사람들을 경멸한 것은 아니었다. 오히려 그와는 반대로 어떤 의미에서는 세상의 그들 위에서 이루어진다고 보았다. 그러나 지혜자에게 학자다운 여가생활은 필수적이다. 집회서에는 이 관점을 소개하는 멋진 구절이 있다.

학자가 지혜를 쌓으려면 여가를 가져야 한다.
사람은 하는 일이 적어야 현명해진다.
쟁기를 잡고 막대기를 휘두르며 소를 모는 데 여념이 없고,
송아지 이야기밖에 할 줄 모르는 농구가 어떻게 현명해질 수 있으랴?
그의 머릿속에는 이랑을 짓는 생각으로 가득 차있고,
저녁에는 암소에게 먹이 주는 일로 시간을 다 보낸다.
모든 직공과 기술자는 물론,
주야로 일만 하는 자들은 모두 마찬가지다.
도장을 새기는 사람은 새로운 도형을 만드는 데 열중하고
그 도형과 똑같은 것을 파느라고 부심하며
일을 완성하려고 밤을 새운다.
마찬가지로 대장장이는 모루 옆에 앉아서
이 쇠로 무엇을 만들까를 생각한다.
그의 살은 불길에 화끈 달아, 뜨거운 화롯불과 맞싸우듯 한다.
망치소리에 고막이 터질 듯하고 그의 눈은 모형을 노려본다.
일을 잘 마치려고 심혈을 기울이고 완성품을 내기까지 밤을 새운다.
또 옹기장이는 일터에 앉아서 자기 발로 풀무를 돌리며,
생각은 항상 자기 작품에 집중되어 있고

동작 하나하나를 신중하게 한다.
손으로 진흙을 빚으며 발로 반죽을 갠다. ·
그릇에 윤을 잘 내려고 온 정성을 기울이며
가마를 깨끗이 하느라고 밤을 새운다.
이 사람들은 모두 자기 손재주에 자신을 갖고 있으며,
저마다 자기 일의 특기를 지니고 있다.
이런 사람들이 없이는 도시를 건설할 수가 없고
거주민도 없을 것이고 여행자도 없을 것이다.
그러나 그들은 시의회에 불리지도 않으며
공중집회에서 윗자리를 차지하지도 않는다.…
그들은 재판관 자리에 앉지도 않으며
법률을 잘 알지도 못한다.
그들의 교양이나 판단력은 출중하지 못하고
격언을 만드는 사람들의 축에 끼지도 못하지만,
그들 때문에 이 세상은 날로 새롭게 되고 지탱이 된다.
그리고 그들은 오직 자기들의 하는 일이 잘되기를 빌 뿐이다.[80]

　지혜자는 어떤 의미로도 노동하는 사람을 경멸하지 않았다. 세
계는 그를 의지하고, 또 그는 그 손으로 기도할 수 있다. 정말 그에
게 있어서 일하는 것은 기도하는 것(laborare est orare)이다. 그럼에
도 불구하고 지혜자가 한 사람의 지혜자가 되기 위해서는 최상의 지
혜에 집중할 수 있게 일상의 모두를 내려놓아야 했다.

　지혜자가 지키는 규율의 특징 가운데 하나는 신체적 훈계와 징
계의 필요성을 강조한 것이다. "한 마디로 총명한 자를 경계하는 것
이 매 백 개로 미련한 자를 때리는 것보다 더욱 깊이 박히는" 게 사

실이다.[81] 하지만 매가 최상의 교정물이라는 것 역시 계속해서 유효하다. "초달을 차마 못하는 자는 그 자식을 미워함이라 자식을 사랑하는 자는 근실히 징계하느니라." "아이의 마음에는 미련한 것이 얽혔으나 징계하는 채찍이 이를 멀리 쫓아내느니라." "채찍과 꾸지람이 지혜를 주거늘 임의로 하게 버려두면 그 자식은 어미를 욕되기하느니라.…네 자식을 징계하라 그리하면 그가 너를 평안하게 하겠고 또 네 마음에 기쁨을 주리라."[82] 벤 시락은 훈계와 징계를 한층 더 주장한다.

> 아들이 있거든 잘 기르되
> 어려서부터 길을 잘 들여라
> 딸이 있거든 정숙하게 기르되
> 언제나 엄격하게 다루어라.[83]

그의 주장은 계속된다.

> 자식을 사랑하는 부모는 매를 아끼지 않는다.
> 만년에 그 자식은 기쁨이 될 것이다.
> 자식을 엄격히 키우는 사람은 덕을 볼 것이며
> 천지들 사이에서 그 자식이 자랑거리가 될 것이다.
>   …
> 자식을 귀여워만 하는 사람은 자식의 상처를 싸매주다 말 것이고
> 자식이 울 때마다 조바심만 한다.
> 길들이지 않은 말은 사나워지고 제멋대로 자란 자식은 방자해진다.
> 자식의 응석을 너무 받아주다가는 큰 화를 당하게 되고

자식하고 놀아만 주다가는 슬픔을 맛보게 된다.

자식과 함께 웃다가는 같이 슬퍼하게 되고 마침내는 통곡하게 된다.

젊은 자식에게 너무 자유를 주지 말고

그의 잘못을 눈감아주지 말아라.

자식이 젊을 때에 길을 잘 들이고 어릴 때부터 회초리로 키워라.

그렇지 않으면 고집만 자라서 말을 안 듣고

너에게 큰 고통을 안겨줄 것이다.

자식을 엄격히 기르고 그를 단련시켜라.

그렇지 않으면 그의 추태로 네가 치욕을 당하게 될 것이다.[84]

그래서 지혜자들은 지혜를 가르쳤는데, 그 지혜는 하나님으로부터 나오고, 하나님의 계명을 받아들이고 따르는 것이고, 그 지혜는 사람에게 명예를, 또 그를 사랑하는 이들에게는 즐거움을 가져다주고, 그 지혜는 애를 써야만 얻어질 수 있을 뿐이며, 필요하다면 징계와 연단의 회초리로라도 그렇게 해야 하는 것이다.

우리는 이제 유대교육에 관한 이상한 입장에 도달하였다. 우리는 유대교육에 대한 자료가 풍부하면서도 초등교육을 거의 언급하지 않는 역설에 직면한다. 사실 신약성서 때까지만 해도 '학교'라는 단어가 전혀 사용되지 않았고, 또 신약성서에서 단 한 번 사용된 그 말은 아동을 위한 학교라기보다는 에베소에서 바울이 강의한 두란노(Tyrannus) 서원과 관계가 있다.[85] 이것은 후기 유대교가 아동을 위한 학교를 크게 중시하던 견해와는 사뭇 다르다. 탈무드에서는 학교의 본질적 특성을 거듭 강조한다. 학자는 초등학교가 없는 마을에는 결코 머물러서는 안 된다.[86] 학교에 다니는 아동이 없는 마을은 멸망하든지 아니면 비난을 받게 되는데, 예루살렘은 학교에 학생이 없었고 또 교사를 존경하지 않았기 때문에 자멸했다.[87] 예루살렘에는 480개의 회당과 부속학교가 있었다고 전해졌다.[88] 에스라의 법령은 어느 지역이든 머물 수 있는 교사를 가능한 한 많이 선발하고 또 훌륭한 교육을 위한 경쟁이 가능하도록 기존의 교사들을 방해하면 안 된다고 규정했다고 한다.[89] 그 규정이 대중교육보다는 경쟁적인 사립학교의 현태를 연상시킨다고 하는 논란의 여지는 충분하다. 탈무드가 전하듯이, 교사의 봉급은 사회에서 지불해야 했고 그것을 위해 세금이 할당되었는데 세금은 자녀를 둔 사람으로만 제한되었고, 그리고 지불할 수 없는 사람들의 재산을 압류할 수도 있었다.[90] 우리는 어떻게 해서든지 학교를 전혀 언급하지 않던 시대부터 학교가 체계화된 공동체마다 가장 본질적인 것 가운데 하나였던 시대까지 반드시 이해해야만 한다. 요세푸스에 따르면 학교의 기원은 모세로까지 거슬러 올라간다. 그는 "소년들은 누구나 가장 중요한 율법을 배워야만 하는데, 이것이 최상의 지식이자 성공의 원인이기 때문"[91]이라고 지시했다. 그는 "아동에게 지식의 요소를 알려주고 율법을 따라 살며, 또 조상들의 행적을 알도록 가르칠 것을 명령했다. 뒤의 것이 그들을 본받는 것이라면 앞의 것, 즉 율법을 통해 성장하는 것은 그들이 율법을 범하는 것도 그렇다고 해서 무지를 용납하는 것도 아니다."[92] 하지만 이상이 학교의 기원을 단지 옛날로 소급시키는 독특한 시도는 아니다.

유대 초등교육과 확고하게 연결된 위대한 두 사람이 있다. 첫째 인물은 시몬 벤-셰탁(Simon Ben-Shetach)이다. 그는 BC 78년부터 69년까지 통치한 알렉산드리아 여왕의 형제였다. 예루살렘 탈무드는 그가 "아동은 반드시 초등학교에 출석해야 한다."는 법을 제정한 인물이었다고 전한다. 이 시몬은 잘 알려지지 않은 인물이다. 조셉은 "그렇게 전해진다."는 식으로 그 일화를 간단히 보고한다.[93] 슈러(Schürer)는 설명도 없이 그 전승을 무가치한 것으로 폐기하면서 시몬을 "거의 온갖 신화들의 접촉점과 같다"고 단정한다.[94] 박스와 케네디 두 사람은 그 이야기가 지닌 상당한 정확성을 기꺼이 수용한다.[95] 대체로 우리는 시몬의 전승을 받아들이는 게 타당할 것 같다. 그 구절이 시몬이 초등학교를 세웠다고 주장하는 게 아니라는 점에 주목할 필요가 있다. 그는 아동이 학교에 반드시 출석해야 한다고 법을 제정한 것으로 전해지기 때문이다. 아동을 위한 일종의 학교가 있었음에는 틀림없다. 유대인들이 '책의 사람들'이었다는 사실은 바로 그것을 거의 본질적으로 만든다. 우리는 회당의 안식일 예배에서 회중을 대표하는 일곱 사람이 성서일과를 읽도록 요청을 받았다는 것을 알고 있는데,[96] 그 덕분에 읽을 수 있는 능력이 아주 일반적이어야 했을 것이다. 시몬은 헬레니즘의 물결이 유대교를 위협하고, 또 바리새인들이 그에 저항하던 시대에 살았다. 따라서 시몬이 유대인들에게 기존 교육시설의 세심한 준수를 촉구했을 공산이 크다. 그는 유대방식으로 자녀교육의 의무를 받아들이도록 명령하였다. 우리는 시몬이 초등학교를 시작했다고 고집할 필요는 없다.

유대 초등교육에서 두 번째로 위대한 인물은 63년-65년경에 대제사장을 지낸 요수아 벤-가말라(Joshua ben-Gamala)였다. 탈무드는 초등교육을 보급시킨 그의 역할을 가장 높게 산다. 다음은 그에 대한 언급이다. "그 사람이 아니었다면 율법이 이스라엘에서 망각되었을지 모를 랍비 요수아 벤-가말라라는 이름의 인물을 영원히 기억하게 하라. 처음에 아버지가 있는 아동들은 모두 그로부터 율법을 배웠지만 아버지가 없는 아동은 율법을 배우지 못했다.…나중에 예루살렘에는 아동을 위한 교사들이 임명되었다.…하지만 이 조치조차 만족스럽지 못했다. 아버지가 있는 아동들은 그가 학교에 데려가서 그 곳에서 교육을 시켰지만 아버지가 없는 아동은 교육받으러 그 곳에 갈 수 없었기 때문이다. 따라서 지방마다 교사를 임명할 것을 제정하였다. 아동들은 16세나 17세가 되면 이곳에 보내졌다. 교사가 제자에게 화를 내면 제자는 다리에 인장이 찍힌 채 쫓겨났다. 이 상태에서의 교육은 요수아 벤-가말라 때까지 존속되었는데 그는 방방곡곡마다 교사를 임명해서 그들이 6, 7세의 아동들을 양육하도록 제정한 인물이었다."[97] 여기에서 우리는 요수아 이전에도 팔레스틴에서 일종의 교육기구가 존재했었지만 그가 개혁했고, 또 그것을 훨씬 더 효과적으로 발전시켜서 나라 전체에 보급했음을 알게 된다. 초등교육이 정식 공익사업으로 맨 처음 출범한 시기에 관해서 여전히 회의적이다. 개념상으로는 아무리 그것을 제공하는 게 아버지의 임무였다지만 현실적으로는 대중교육의 필요성을 훨씬 뒤로 소급시키지 않으면 안 된다. 우리가 분명하게 말할 수 있는 것은 시몬 벤-셰탁에게서 새로운 자극을 받았다는 것과 또 요수아 벤-가말라로부터는 그것이 새롭고, 또 동시에 훨씬 효과적으로 구체화되었다는 것이다.

입학연령은 5세부터 7세까지였다. 「선조의 어록」(Sayings of the Fathers) 제5권 부록에는 사람들의 연령이 설명되어 있다.

5세에는 성서, 10세에는 미쉬나, 13세에는 십계명, 15세에는 탈무드, 18세에는 결혼, 20세에는 직업, 30세에는 능력, 40세에는 분별, 50세에는 지혜, 60세에는 수명, 70세에는 황금의 때를, 80세에는 지혜의 힘을, 90세에는 노쇠, 100세에는 마치 죽고 없어지고 또 세상이 끝난 것과 같다.[98]

사실 7세는 대개 아동이 학교에 입학한 연령이었다. 이유는 랍비들이 하나님에 관한 것들을 아동들의 마음에 새기는 일이 결코 이를 수 없다고 믿어도 너무 일찍 기술교육을 시작하는 것을 신뢰하지 않았기 때문이다. 랍비 아부야(Abujah)는 이렇게 말했다. "어려서 배우는 사람은 무엇과 같을까? 새 종이에 먹물로 쓰는 것, 그리고 나이 들어서 배우는 사람은 무엇과 같을까? 한 번 사용한 종이에 먹물로 쓰는 것."[99] 그러면 아동은 가정에서 어느 정도나 일찍 하나님과 신앙에 관한 교육을 받아야 한다고 간주되었을까? 스켁터는 레위기 19장 23절, 24절에 관한 미드라쉬를 인용한다. 그 구절에는 나무를 심으면 처음 3년간 열매를 따서는 안 되고, 4년째에 열리는 열매는 모두 여호와에게 거룩하다고 규정한다. 처음 3년 동안 아동은 말을 하지 못하고, 따라서 모든 종교적 의무에서 면제된다. 4년째부터 아동에게 위대한 진리를 소개하기 시작하는 것은 아버지의 의무였는데, 생활과 종교는 아동이 분명하게 말할 수 있을 때 시작되기 때문이다.[100]

하지만 아주 어린 아동이 학교에 가기 전에 받던 일정한 교육이 있다. 미쉬나는 아동까지 지켜야 하는 메주사(Mezuzah) 법에 관해서 언급한다.[101] 신명기는 하나님의 율법을 말한다. "네 집 문설주와 바깥 문에 기록 할지니라."[102] 명령대로 메주자는 문설주나 집 안에 있는 깨끗한 방의 문설주에 매달았다. 그것은 올리브나무로 만든 조그만 원통형 상자였다. 안에는 신명기 6장 4절-9절과 11장 13절-21절을 정확하게 스물두 줄로 기록한 작은 양피지 두루마리가 들어있었다. 이 기록된 구절에서 하나님의 이름이 언급되는 회수는 열 번을 넘지 않았다. 원통 중심에는 동그란 구멍이 있어서 전능한 자(Shaddai)라는 낱말이 조그만 구멍을 통해 드러나도록 양피지를 정렬했다. 누구나 드나들 때마다 메주자의 구멍을 만지고, 만진 손가락에 입을 맞추면서 축복을 빌었다. 그것은 다음과 같은 말씀에 대한 유대식 사고와 밀접한 관계가 있었다. "여호와께서 너의 출입을 지금부터 영원까지 지키시리로다."[103] 어린 아동이 메주자를 얼마나 주목하고, 그 뜻을 물었을지는 분명하다.

아버지는 아들이 세 살이 되면 반드시 회당에 데려가기 시작해야 했다. 버릇없는 아동이 지르는 소리를 불쾌하게 여기던 랍비들이 있었는데, 나중에 세파르딤(Sephardim) 의식을 맡은 일부 사람들은 회당에서 돌아다니는 아동을 구분해서 믿음을 거드는 데 아주 실제적이고 효과적인 매를 담당한 특별 감독관에게 보냈다.[104]

아동은 안식식을 지키는 율법이 면제되었지만 한편으로 어른에게는 아동이 안식일을 지키는 것을 지켜보아야 할 책임이 있었고,[105] 결국 아동은 매주 이 율법들이 무엇을 의미하는지 점점 더 많이 배울 수 있었다. 속죄일이 다가오면 아동에게는 금식의 의무가 없었지만, 금식해야 할 나이가 되기 2, 3년 전부터는 적어도 약간씩은 금식을 격려하도록 권장되었다.[106] 우리는 앞서 유월절과 그에 따른 모든 것을 지켜야할 이유를 아동에게 설명하는 게 아버지의 의무였던 과정을 살펴보았다.[107] 태어난 지 얼마 안 된 아동도 예루살렘에서 치르던 큰 명절에 반드시 참석해야 했다. 샴마이(Shammai)는 아동이 아버지의 목마를 탈 정도면 반드시 참석해야 한다고 말했다. 힐렐(Hillel)은 아버지의 손을 잡을 수 있고, 두 발로 걸을 수만 있으면 반드시 참석해야 한다고 말했다.[108] 소년은 특히 초막절에 참석하곤 했었다. "어머니를 더 이상 필요로 하지 않는" 아동은 초막절에 참석해야 하고, 또 "루라브를 흔들 정도의" 소년은 그것을 지켜야 한다고 규정했다.[109] 실제 교육에서는 아동이 말을 하자마자 다음 두 가지 구절을 암기하고 또 말할 수 있도록 가르쳤다. "이스라엘아 들으라 우리 하나님 여호와는 오직 하나인 여호와시니"와 "모세가 우리에게 율법을 명하였으니 곧 야곱의 총회의 기업이로다."[110] 사춘기의 일차 징후로 몸의 두 곳에서 털이 자라면 소년은 율법을 준수할 책임을 가졌다.[111] 끝으로, 안식년에 성전 구석구석에서 율법이 읽혀지면 아동을 그 곳에 데려가야 한다는 아주 이상적인 규정이 있었다.[112] 아동은 학교에 가기 훨씬 이전부터 유대인이 된다는 게 무엇을 의미하는지 날마다 배웠고, 동시에 그것은 아동이 받게 될 교육이 분명했다.

우리는 계속해서 학교의 실제적인 방법들을 살펴본다. 하지만 그에 앞서 한 가지 **경고**(caveat)에 주목할 필요가 있다. 우리가 설명하게 될 여러 규정들과, 또 앞으로 인용할 여러 견해들은 현실적이라기보다는 이상적 형태에 대한 것들이다. 그것들은 어떤 학교들이었다기보다는 그래야 했다는 서술방식을 택한다. 하지만 그럼에도 불구하고 그것은 유용한데, 우리가 주로 이상적인 것에 관심을 갖고 있기 때문이다.

분명하지는 않지만 아동은 5세부터 7세 사이에 학교에 입학했다.[113] 학교는 특별한 건물로 교사의 집 안이 될 수도 있지만, 회당 자체에 부속 되었으리라는 게 가장 설득력이 있다. 학교는 위생상 인구밀도가 높은 지역을 피해서 짓도록 규정되었다.[114] 마을이 큰 경우에는 두 개의 학교가 있어야 했고, 강으로 마을이 나뉜 경우에는 특히 그랬는데 다리를 건너는 게 위험했기 때문이다.[115] 학교는 오전 10시부터 오후 3시까지 수업이 없었고, 타무즈(Thamuz)월 17일부터 아빕월 14일까지, 즉 대략 7월과 8월에는 수업시간이 4시간을 넘지 않아야 한다는 규정이 있었다. 학급의 규모는 이상적으로 엄격하게 제한되었다. 어느 곳에서도 35명만 되면 교사를 임명했다. 학생 인원이 40명일 경우에 교사에게 보조교사를 붙여주었고, 50명이 되면 두 명의 교사가 임명되었다.

제자는 학교에 들어서면 선생의 발아래 앉았다. 바울은 자신이 가말리엘의 발아래서 컸다고 소개한다.[116] 랍비 요세스(Joses)는 이렇게 말한다. "너의 집을 지혜자의 사랑방으로 내어 놓으라. 그리고 그들의 발에 묻은 먼지들로 네 자신을 바르라."[117] 교사 발아래 앉는 것은 제자의 겸손과 배우고자 하는 열심의 한 가지 표현이었다.

유일한 교과서는 성서였다. 학교의 이름은 벳-하세퍼(Beth Ha-Sepher), 곧 책의 집이었다. 그리고 율법에 관한 성서 가운데서 모세오경이 가장 중요했고, 나머지는 주석에 불과하였다. 어떤 랍비는 율법에 관해서 이렇게 말했다. "그것으로 돌아서라. 다시 그것으로 돌아서라. 모든 것이 그 안에 있고, 또 너의 모든 것이 그 안에 있기 때문이다. 그것에서 벗어나지 말라. 이보다 훨씬 더 탁월한 것을 가질 수 없기 때문이다."[118]

율법은 공부의 유일한 목적이었다. 보다 넓은 세계의 문화도 유대인에게는 하찮은 것이었다. 실제로 티투스(Titus) 전쟁 동안에 "그들이 자식에게 희랍어를 가르치는 것을 금했던" 이야기가 미쉬나에 실려있다.[119] 탈무드에는 율법에 정통한 기초 위에서 그리스어를 배우고자 했던 진보적인 젊은 랍비에 관한 이야기가 있다. 노장 랍비가 여호수아의 말을 그에게 상기시켰다. "이 율법책은 그대의 입에서 떨어질 수 없다. 그러니 그대는 밤이고 낮이고 간에 그 안에서 묵상할 것이라."[120] 그는 이렇게 말했다 "밤낮을 가리지 말고 가서 숙고하라. 그러면 너는 거기서 그리스의 지혜를 공부하게 될 것이다."[121] 이처럼 유대교육은 전적으로 종교교육이었다. 그들은 율법 이외는 달리 필요로 하지 않았기 때문에 유대교육은 성서공부였다. 유대인들이 다른 모든 교육제도보다 자신들이 지닌 제도의 우월성을 주장한 이유가 바로 여기에 있었다. 그들의 공부가 율법 공부였다는 바로 그 사실은 그것이 이중적 측면을 지니고 있었다는 뜻이었다.

한때는 그것이 이론과 실천, 지식과 행위 모두를 동시에 포함했는데, 율법을 먼저 **공부하고** 계속해서 **실천했기** 때문이다. 케네디는 말했다. "그것은 조상 전래 신앙의 절대적 진리에 관한 교육과 실제 생활의 의무를 준비하는 것을 결합시킨다."[122] 이것은 오래 전에 요세푸스가 주장한 것이다. 그는 다음과 같이 기록했다. "어떤 유형의 교육이나 도덕적인 삶의 지도에 도달하는 데는 두 가지의 길이 있다. 하나는 말로 가르치는 것이고, 또 다른 하나는 실행을 통한 것이다. 그런데 또 다른 율법의 수여자들(즉, 모세와는 다른)은 자신들의 견해에 따라 이들 두 가지 방법을 구분하여 왔고, 또 한 쪽을 무시하면서까지 교육방법들 가운데 하나든지, 아니면 모든 사람들이 가장 좋아하는 것을 선택하고 있다. 그래서 스파르타 사람들이 그랬고 또 크레타 사람들도 말이 아닌 실제행동으로 가르친다. 반면에 아테네 사람들과 거의 모든 나머지 사람들은 해야 할 것, 또는 남겨두어야 할 것에 관한 규칙을 정하였지만 그것의 실제 행동에는 무관심했다."[123]

유대교육을 생각할 때마다 언제나 기본적인 요소 두 가지가 떠오르곤 한다. 먼저 그것은 철저하게 구두교육에 기초했기 때문에 전적으로 암송(repetition)을 통해서 지도했다. 미쉬나라는 말은 암송과 교육을 뜻한다. 그것들은 한가지나 다름없기 때문이다. 박스는 이것을 강조하는 바빌로니아의 창조 서사시를 인용한다.

그들이 나서게 하라—장로가 가르치게 하라.
지혜 있고, 노련한 자가 서로를 중개하게 하라.
아버지가 **암송하여** 아동을 이해시키라.
목자와 인도자(왕)의 귀를 열지어다.[124]

벤 시락도 다음과 같이 기록한다.

지혜는 의견에서 드러나고
교양은 말투에서 드러난다.[125]

교사 자신을 제외하고는 책은 교육도구로서 거의 존재하지 않았다고 보아도 무방하다. 모든 교육은 육성과 부단한 반복과 예민한 청각으로 이루어졌다.

기초적인 두 번째 요소는 이것의 직접적인 결과다. 교육은 대

부분 암기식이었다. 교재가 없었기 때문에 뛰어난 학생의 일차조건
은 훈련된 좋은 기억력이었다. 랍비 가운데 가장 유명한 인물은 랍
비 엘리에셀(Eliezer)이었다. 미쉬나에 실린 그의 어록은 330개나 된
다. 그의 스승 랍비 요카난은 그를 일컬어 "물 한 방울 새지 않을 회
반죽 항아리"라고 할 정도였다.[126] 랍비 도시타이(Dosithai)는 말했
다. "지혜자의 제자가 앉아서 공부하다가 미쉬나의 구절을 잊으면
그는 '죽음을 가책'을 느끼듯이 그것을 설명했다."[127] 탈무드에는 달
력을 조정하러 아스야(Asya)에 갔던 메이르(Meir)라는 어떤 랍비가
소개되어 있다. 그는 그곳에서 에스더서가 없음을 알고 즉시 전체
를 기억해내어 기록한 뒤 명절 동안에 그것을 낭독했다.[128] 박스는
유대 아동들은 알파벳을 완벽하게 암송할 수 있고, 아동기 동안에
그들은 완전한 낱말을 획득하고, "또 자기 이름을 간단하게 부르듯
이 정확하면서도 유창하게" 아담에서 스룹바벨까지 모두 암송하도
록 배운다는 제롬(Jerome)의 말을 인용한다.[129] 유대 역사가 그프뢰
어(Gförer)는 탈무드 사본 전체가 훼손되거나 탈무드가 계속 늘어나
도-어떤 노련한 랍비든 12명만 있으면 기억을 통해서 한자 한자 다
시 기록할 수 있다고 주장했다.[130] 전체 유대교육은 부단한 암송과
암기에 기초했다. 랍비 아키바(Akiba)는 말했다. "교사는 수업을 유
창한 암송만큼이나 분명한 이유로 학생들이 동의할 수 있도록 힘써
야 하는데, 그것은 주제를 철저하게 이해하고, 또 아주 유창하게 암
송할 수 있을 때까지이다."[131]

이것은 특별한 효과를 지녔다. 고대 사람들처럼 유대인들은 크
게 읽었고, 아니면 적어도 읽을 때만큼은 입술로 음절마다 모양을
만들었다. 빌립은 에티오피아 내시가 병거를 타고 가면서 이사야

선지자의 글을 읽는 것을 **들었다**.[132] 따라서 학과를 공부하는 것은 언제나 그것을 크게 암송한다는 뜻이었다. 탈무드에는 한 학생이 글을 크게 암송하지 않고 배우다가 결국에는 3년이 지나지 않아서 배운 것을 모두 잊어버리고 말았다고 전한다.[133] 「선조의 어록」에는 토라를 배우는 데 필요한 48가지의 것들에 관한 목록이 있는데, 그 목록은 이렇게 시작한다. "배움을 통해, 들을 수 있는 귀를 통해, **논리적인 이야기를 통해.**"[134] **암송은 학문의 어머니**(Repetitio mater studiorum)라는 말은 당연히 유대교육의 좌우명이었을 것이다. 「베나미 서한집」(Letters of Benammi)은 이 집중적인 암송과 암기에 관해서 일부 언급하고 있다. "너는 많이 비축했다고는 하지만 실제로는 아무것도 비축한 게 아니다." "암송은 지식의 어머니이다." "토라를 암송하지 않고 배우는 사람은 누구든지 파종은 하되 거두지 않는 사람과 같다." "눈으로만 공부하지 말고 눈과 입으로 하라."[135]

따라서 유대수업은 주로 구두로 이루어졌고, 유대학습은 대부분 암기를 통한 학습이었으며, 또 입으로 암송해서 기억하는 학습은 적어도 눈으로 보는 것만큼이나 큰 역할을 담당했다.

우리가 이미 살펴본 대로 유대 아동들은 모두가 초등학교에서 읽는 법을 배웠는데, 유대 남자 성인이라면 누구나 회당에서 성서일과를 읽을 수 있는 특권과 의무를 지녔기 때문으로 보인다. 그들은 산수의 요점을 배웠고, 또 전부는 아니지만 대개 쓰는 법을 익혔다.

하지만 단순히 모든 아동들이 능통하기만을 기대하지는 않았다. 어쨌든 아동이 읽을 수 있게 되자마자 어떤 핵심적인 구절들이 적힌 양피지 두루마리가 주어졌다.[136] 그것들은 다음과 같다.

i . 쉐마.[137] **쉐마**(Shema)는 히브리어 명령형 동사로 뜻은 '듣다'이다. 그것은 신명기의 핵심구절인 6장 4절의 맨 앞에 나오는 말인데, 유대 신앙의 기초이자 지금도 회당의 일일예배를 시작하는 문장의 기초이다. 경건한 유대인은 누구나 매일 그것을 아침과 저녁마다 낭송하곤 했다.

ii . 할렐.[138] **할렐**(Hallel)은 '여호와를 찬양하라!'는 뜻이다. 그리고 이것은 새로운 달과 절기 때마다 낭송되고, 또 유월절 의식에서 특별한 자리를 차지하던 일련의 유명한 찬양 시들이다.

iii. 창조 이야기.[139]

iv. 레위기의 핵심 법.[140]

이 외에도 아동은 **개인 교과서**를 찾아서 공부해야 했다. 개인 교과서란 자신의 이름 첫 글자에서 시작해서 이름의 마지막 글자로 끝나는 것을 말한다. 키이스(Keith)는 아브네르(Abner)라는 아동이 가질 수 있던 개인 교과서를 실례로 들어서 설명한다.

> 유순한 대답은 분노를 쉬게 하여도
> A soft answer turneth away wrath;
> 과격한 말은 노를 격동하느니라.[141]
> But grievous words stir up anger.

아동이 조금 더 자세히 율법을 읽고 공부할 수 있게 되면, 레위기 공부가 시작되었다. 우리가 볼 때는 이상한 배열이지만, 한 사람의 유대인이 정결법과 성전 제사법을 완벽하게 아는 것은 필수적이었다. 하지만 성전이 파괴되어 제사가 불가능해지고 난 이후에도 레위기는 계속 상세한 교육의 입문 구실을 했는데, 그 이유는 미드라쉬에 아름답게 묘사된 것과 같다. "제사는 순결하다. 그리고 아동들은 순결하다. 순결한 사람이 순결한 것을 책임지게 하라"[142]

우리가 염두에 두고 있는 공동체에서 교사는 분명히 가장 중요한 인물이다. 율법이 전부였기 때문에 율법의 해설자는 공동체에서 가장 위대한 인물이었다. 그리고 심지어 랍비가 해야 할 일의 기초를 닦던 초등학교 교사의 지위 역시 아주 높았다.

교사는 지고의 목적을 소유하고, 동시에 지고의 도덕수준을 지닌 인물이어야 했다. 에더샤임(Edersheim)은 탈무드에서 교사의 목적과 자질에 관한 일련의 어록들을 수집했다. 교사의 목적은 아동을 사악한 것과의 접촉에서 보호하고, 아동의 쓰라린 마음—아동이 부모에게 잘못한 쓰라림일지라도—을 진정시켜주고, 진짜 잘못한 행동을 벌주며, 또 아동을 편애하지 않는 것이어야 했다. 그는 이세계나 또는 앞으로 도래할 세계에서의 결과를 거론함으로써 지나치게 아동을 위협하기보다는 그것의 본질적인 혐오감 안에서 죄를 드러내야 한다. 그는 결코 아동을 낙담시키면 안 된다. 그는 아동이 거짓말을 하거나 약속을 어기지 않도록 절대로 약속을 하지 않든지 아니면 반드시 지켜야 한다. 그는 결코 인내를 잃어서는 안 되며, 만일 아동이 이해하지 못하거든 알기 쉽게 계속해서 그 문제를 끈기 있게 설명해야 한다. 그는 아동을 날마다 짐을 조금씩 무겁게 얹는 송아지처럼 대해야 한다. 어떤 경우에도 그는 친절하려고 노력해야 하고, 친절할 수 없을 때만 체벌해야 한다. 그런 체벌은 지나치게 가혹해서는 안 되고, 교사가 너무 지나치게 가혹할 경우에는 해고될 수도 있었다. 체벌을 가할 때는 가죽 끈으로 해야지 막대기로 해서는 안 된다. [143] 우리는 이 목록에 몇 가지 아주 중요한 어록들을 덧붙일 수 있을 것이다. "게으른 자는 아동을 위한 학교를 운영할 수 없다."고 규정했었다. [144] 그리고 바로 그 대목에서 결혼하지 않은 자는 가르쳐서는 안 되고, 또 여자는 가르치는 것과 전혀 어울리지 않는다고 규정한다. 교사는 아주 차분해야 한다. 격한 사람은 가르칠 수 없기 때문이다. 교사는 품위를 훼손해서는 안 되며, 아동이 있는 앞에서는 절대로 농담을 하거나 먹거나 마셔도 안 된다. [145] 이 모든 것 가운데서도 가장 중요하고, 또 가장 흥미로운 것은 유대인들이 교사의 학문적 소양보다 도덕적 품성에 훨씬 더 관심을 가졌다는 두드러진 사실이다. 그들의 일차 질문은 "그가 어떤 유형의 사람이냐?"였다. 그것이 유대인들이 지니려고 노력한 성품이고 따라서 그들은 성품만이 성품을 낳을 수 있음을 잘 알고 있었다.

이론상 교사는 전혀 무보수로 가르쳐야 할 책임이 있었다. 그것은 하나님 말씀과 같았다. "내가 너희에게 아낌없이 준 그대로 너희도 값없이 전하라." [146] 랍비 사독(Zadok)은 말했다. "토라의 말씀을 영화로운 왕관이나 생계를 잇기 위한 도끼로 사용하지 말라." 존자 힐렐(the great Hillel)은 다음과 같이 규정했다. "보라, 토라의 말씀으로 이득을 챙기려는 사람은 누구나 지상에서 생명을 잃을 것이다." [147] 이상적인 형태는 교사가 장사를 해서 물질의 필요를 채우고, 따라서 무료로 교사직을 지키는 것이었다. 어떤 경우에도 소년들은 모두 장사를 배웠는데 "자식에게 장사를 가르치지 않는 아비는 도둑질을 가르치는 것이기" 때문이다. [148] "일을 사랑하라." 셰마이아

(Shemaiah)의 말이다. [149]

랍비들은 순수한 학문적 생활이라고 부르는 데에는 어떤 위험이 도사리고 있는 것으로 간주했다. 예후다 하-나시(Jehuda ha-Nasi)의 아들인 가말리엘(Gamaliel)은 다음과 같이 말했다. "세상일과 병행해서 토라를 연구하는 것은 가장 훌륭하다. 두 가지 모두를 실행하는 것은 죄악을 기억 밖으로 밀어내는 것이다. 노동 없는 토라는 결국 실패하고, 죄악의 원인이 된다."[150]

이와는 상반된 극소수의 소리도 있었다. 우리는 벤 시락(Ben Sirach)이 쟁기를 잡은 사람은 지혜롭게 된다고 생각하지 않았다는 것을 본 적이 있다. [151] 그리고 랍비 메이르(Meir)도 말했다. "일은 조금, 토라는 많이."[152] 힐렐은 "일이 많은 사람은 지혜로울 수가 없다"고 말하기도 했다. [153] 그러나 균형은 훨씬 많은 사람들이 택한 또 다른 방법이었다. 우리는 방앗간 주인, 신기료장수, 빵 굽는 사람, 향수 상인, 사무원, 대장장이, 토기장이, 목수 등의 일에 종사한 랍비들에 관해서 알고 있다. [154] 그러나 이 무보수 교육은 당연히 보수를 받아야 하는 초등학교 교사보다는 오히려 공정한 역할을 수행하는 랍비들의 관습임에 틀림이 없다. 그렇지만 초등학교 교사들조차 임금을 받으려고 하지 않았다. 교사들은 아동들에게 기계적인 읽기 공부를 시키는 어려움을 겪고, 아동이 학교에 있는 동안 돌보고, 또 자기 시간을 가질 수 없어서 임금을 지급 받았다. [155]

이 모든 배후에 담긴 뜻은 교사가 된다는 것은 생애에 누릴 수 있는 가장 큰 특권 가운데 하나라는 것이고, 그것은 시내산에서 직접 하나님으로부터 받은 것인 만큼 아동에게 율법을 가르치는 일은 상당한 특권이라고 아름답게 전해졌기 때문이다.

교사가 가장 높은 명예를 누렸다는 것은 이 모두를 그런 식으로 확인하려는 우리에게는 놀라운 일이 아니다. 위대한 랍비가 간직해야 할 명예는 심지어 부모에게 주어지는 명예까지 능가했다. "아버지 이상으로 선생을 공경하라. 아버지와 아들은 마땅히 교사를 존경해야만 하기 때문이다."[156] 어떤 사람의 아버지와 교사가 무엇인가를 잃어버렸다면 교사가 잃어버린 게 먼저다. 아버지는 그를 이 세상에 낳았을 뿐이지만, 지혜를 가르치는 교사는 앞으로 닥칠 세상의 생활로 그를 이끌기 때문이다.[157] 랍비들 가운데서도 가장 뛰어난 사람이 가장 존귀한 명예를 기대했지만, 초등학교 교사조차 상당한 존경을 받았다. "너의 선생을 두려워하되 하늘을 두려워하듯 하라."[158] 교사들은 하나님이 이스라엘에게 진리를 전달하실 때 이용한 예언자들과 비교되기도 했다.[159] 자신의 친구에게서 단 한 장, 단하나의 율법, 단 한 구절, 혹은 단 한 개의 글자라도 배운 사람은 그를 존경해야 마땅하다고 전해졌다.[160]

민수기 24장 6절에 관한 미드라쉬는 '강가의 동산'을 언급한다.

> "그들은 이스라엘 어린 아동의 교사들인데, 그들은 자신들의 기억에서 지혜로 이끌고 하늘 아버지의 뜻을 이해하고 구분하고 또 가르친다."[161]

교사들에게 주어진 가장 큰 찬사는 왕자 랍비 유다(Judah the Prince)가 했던 것 같다. 그는 어느 마을을 방문했다가 파수꾼을 만나고 싶어 했다. 사람들은 도시의 관리와 경비병에게 데려갔다. 그는 말했다. "이들이 아니라 학교 교사들이 이 도시의 파수꾼들이다."[162] 팔레스타인에서 초등학교 교사는 생색나지 않는 일을 어느 정도 욕을 먹어가면서 일하는 사람이 아니라 사람이 할 수 있는 가장 위대한 일을 수행했기 때문에 명예를 유지하던 하나님과 공동체의 종이었다. 이것이 바로 유대인들이 교사들을 그토록 크게 존경할 뿐만이 아니라 그들로부터 그토록 많이 요구했던 이유인데, "교사가 하늘의 뜻에 따라서 내려온 천사 같을 때에만 토라를 그의 입에서 구할 수 있기" 때문이다.[163]

하나의 관점에서 유대교육을 비판하기는 쉬울 수 있다. 유대교육의 편협함을 비난하는 것은 간단한 문제다. 유대교육이 전적으로 종교교육이었던 탓에 보다 넓은 문화를 일반적으로 경시한 것을 확인하고, 또 그것이 지닌 실책을 제대로 찾아내는 것은 쉬운 일이다. 예수 그리스도를 십자가에 처형한 가공할 형식제일주의(legalism)가 등장하기 이전까지 유대교육이 한층 더 수준이 높아질수록, 또 발전하면 할수록 율법의 세부적인 내용을 상실한 것을 확인하는 것은 간단한 일이다. 하지만 그럼에도 불구하고 유대교육의 이면에는 두 가지의 위대한 이상들이 존재하는데, 두 명의 유대작가들이 그것을 밝혀냈다.

베크(Leo Baeck)는 유대교의 바탕은 바로 거룩이라는 개념에서 찾을 수 있다고 지적했다. "너희는 거룩하라 나 여호와 하나님이 거룩함이니라." "너희는 스스로 깨끗게 하여 거룩할지어다 나는 너희 하나님 여호와니라." "너희는 내게 거룩할지어다 이는 나 여호와가 거룩하고 내가 또 너희로 나의 소유를 삼으려고 너희를 만민 중에서 구별하였음이니라."[164] 달리 말하자면, **유대인들의 운명은 달라지는 것**이었다. 거룩함은 차이를 뜻한다. 따라서 유대인들의 교육제도는 모두 그것을 목표로 삼았다. 그것이 바로 유대민족이 지금까지 유지하고 있는 교육제도이다.

유대인은 더 이상 인종상의 부류가 아니다. 일정한 생활방식을 따르고, 일정한 신앙에 속한 사람이 유대인이기 때문이다. 만일 유대종교가 약화되거나 혹은 변질했다면 유대인은 멸종했을 것이다. 베크의 주장처럼 유대인들은 '위대한 비순응주의자(non-conformist),' '위대한 반대자'가 되지 않을 수 없었다. 유대인들의 교육의 이상은 단연 거룩함, 차이, 하나님에게 속할 목적으로 다른 모든 민족들과 구별됨을 추구하는 이상이었다. 그들의 교육제도는 한 민족으로서의 그들의 존재, 또 운명의 성취를 보장한 교육 그 자체였다.[165]

또 다른 유대작가인 엡스테인은 위와는 다른 유대교육의 본질적 이상을 포착했다. 예레미야 15장 19절에는 하나님의 종의 임무를 "천한 것에서 귀한 것을 취할 것"으로 규정한다. 그는 이렇게 말한다. "유대교에서 이해하는 교육은 이기주의자들이나 호전적인 사람의 마음을 에워싼 얼음조각들을 녹일 수 있고, 그들을 협조적이며 신중하고 정의로운 동료로 변형시킬 수 있는 따뜻한 경건과 사랑을 전할 수 있는 정의로운 동료로 변형시킬 수 있는 따뜻한 경건과 사랑을 전할 수 있는 정의로운 사람의 능력이다."[166] 이상이 최초로 다룬 교육적 이상의 전부다. 차이 그 자체는 윤리적 차이를 필요로 하지 않는다. 거룩함은 단순히 의식적이거나 관습적인 차이가 될 수도 있다. 그렇지만 유대인들의 이상은 그 성격상 실행되던 차이이고, 또 거룩함은 윤리적으로 표현되었다. 유대교육은 세상에 깊숙한 흔적을 남겼다. 결국 분석해 보면 그것은 아동이 하나님의 종이 되는 데 적합하도록 교육하는 것을 목표로 하고 있기 때문이다.

유대교육은 하나님을 위해서 아동에게 시키던 교육이다.

1. Pes. R. 29b. C. G. Montefiore와 H. Loewe가 선집한 A Rabbinic
   Anthology에서 인용.

2. Ber. Rab. 65.

3. Sayings of the Fathers 1. 6.

4. Babyl. Shabbat 119b.

5. Josephus: Against Apion 1. 12.

6. Yoma 82a.

7. Josephus: Against Apion 2. 18.

8. Philo: Leg. ad Caium 31.

9. Kid. 30a.

10. S. Schechter: Studies in Judaism, First Series, pp.302.

11. 신명기 33장 4절

12. 레위기 1장 1절

13. 에스겔 3장 1절-3절

14. S. Schechter: Studies in Judaism, First Series, pp.302, 303.

15. G. H. Box in E. B. 2. 1201.

16. Josephus: Against Apion 1. 12.

17. Sayings of the Fathers 2. 5.

18. Sayings of the Fathers 2. 5; 2. 7.

19. Sayings of the Fathers 2. 12.

20. G. H. Box: E. B. 2. 1191에서 인용.

21. A. C. Bouquet: Everyday Life in New Testament Times, p.156.

22. Morris Joseph in E. R. E. 5. 194.

23. G. H. Box: E. B. 2. 1190. A. R. S. Kennedy in D. B. 1. 646을
대조할 것. "포로기 이전 문학의 전체 범위 내에는 초등이나 고등
교육에 대한 어떤 규정도 일반적인 근거로는 추적할 수 없다."

24. A. R. S. Kennedy: D. B. 647.

25. Isidore Epstein: The Jweish Way of Life, 196, 197, 199.

26. 잠언 10장 1절; 23장 24절; 17장 25절

27. Erubin 29a.

28. Kiddushin 30b.

29. 잠언 1장 8절 4장 1절-4절 6장 20절; 13장 1절

30. 신명기 4장 9절-10절; 6장 7절 6장 20절-25절 11장 19절; 32장
46절

31. 신명기 32장 7절; 시편 78편 4절

32. 디모데전서 3장 15절에 관한 글, Wetstein에게서 인용.

33. Sukkah 42a.

34. 잠언 1장 8절; 6장 20절; 31장 1절-9절; 디모데후서 1장 5절

35. H. W. Hogg: E. B. Ⅰ.에 실린 농사에 관한 글, 77-87항목 중에 특히 87항과 대조.

36. 창세기 3장 23절

37. 이사야 28장 24절-29절. 그 구절들은 이렇게 끝난다. "이도 만군 의 여호와께로서 난 것이라 그의 모략은 기묘하며 지혜는 광대하 니라."

38. 예레미야 5장 24절; 14장 22절

39. 아모스 4장 7절

40. 신명기 11장 13절-17절

41. 레위기 24장 23절

42. 출애굽기 13장 8절; 신명기 4장 9절; 6장 20절

43. 출애굽기 23장 14절-17절

44. 레위기 23장 10절-12절

45. 레위기 23장 16절, 17절

46. Men. 6:7; 11:2, 4.

47. 레위기 23장 40절

48. 루라브와 구변열매에 관한 규정들은 Sukkah 3:1-9.

49. 출애굽기 13:8

50. Pes 10. 4.

51. 신명기 4장 9절 그 일들을 네 아들들과 네 손자들에게 알게 하라; 6:7, 20 네 자녀에게 부지런히 가르치며; 11장 19절 또 그것을 너 희에게 가르치며.

52. 에스라 7장 10절

53. 느헤미야 8장

54. A. R. S. Kennedy in D. B. 1. 647.

55. G. H. Box: E. B. 2. 1190: Robert Smith: The Old Testament in the Jewish Church(2판), p. 299.

56. Josephus: Aganist Apion: 2. 17, 18: Philo: Life of Moses 3. 27. 탈무드와 타르굼과 미드라쉬 문서들-이것을 케네디(A. R. S. Kennedy)는 "고상한 시대착오들의 보고"라고 단정한다(D. B. 1. 635)-은 회당과 랍비 대학의 기원을 족장시대로까지 소급한다. 온켈로스(Onkelos)의 타르굼(창세기 25:27)은 야곱이 가르침의 집에서 일했다고 한다. 예루살렘 타르굼(창세기 33:17)에서는 야곱이 가르침의 집을 세웠다고 한다. 역시 같은 타르굼(출애굽기 18:20)에서는 모세의 장인이 회당에 출석하는 이들에게 기도를 가르치도록 간청했다고 한다.

57. Philo: Life of Moses 3. 27.

58. 마태복음 4장 23절; 마가복음 1장 21절; 누가복음 4장 15절 대조.

59. C. Guignebert: The Jewish World in the Time of Jesus, p.75.

60. A. R. S. Kennedy: D. B. 1. 648.

61. W. O. E. Oesterley: 집회서, p.xlvii.

62. 잠언 1장 7절; 집회서 1장 14절

63. 집회서 1장 16절; 18절; 20절

64. 집회서 1장 10절; 1장 26절

65. 집회서 4장 17절; 6장 24절, 25절

66. 집회서 6장 22절

67. 집회서 21장 13절, 14절

68. 집회서 4장 19절

69. 집회서 24장 7절-12절

70. 집회서 4장 15절

71. 집회서 11장 1절

72. 집회서 1장 16절, 17절

73. 집회서 6장 28절-31절

74. J. A. Bewer: Literature of the Old Testament, p. 310.

75. John Paterson: The Book that is Alive, Studies in Old Testament Life and Thought as Set Forth by Hebrew Sages, pp. 66, 53.

76. A. R. S. Kennedy: D. B. 1. 648.

77. 잠언 24:27; 21:17; 23:20; 21, 29-35; 7:6ff; 29:3; 6:6-11; 17:7; 14:21; 19:17; 22:9; 25:21, 22; 17:17; 18:24; 27:10; 31:10-31

78. 지혜서 7장 15절-22절

79. 집회서 39장 2절-5절

80. 집회서 38장 24절-34절

81. 잠언 17장 10절

82. 잠언 13장 24절; 22장 15절; 29장 15절, 17절

83. 집회서 7장 23절, 24절

84. 집회서 30장 1절-13절

85. 사도행전 19장 9절

86. Sanh. 18b.

87. Shabbath 119b.

88. Jes. Meg. 73b.

89. Baba Bathra 21b.

90. Pesikta 178, a, b.

91. Josephus: Antiquities of the Jews 4. 8. 12.

92. Josephus: Against Apion 2. 25.

93. Morris Joesph: E. R. E. 5. 195.

94. E. Schürer: The Jewish People in Time of Jesus Christ, 2. 2. 49.

95. G. H. Box. in E. B. 2. 1195; A. R. S. Kennedy in D. B. 1. 649.

96. E. Schürer: The Jewish People in Time of Jesus Christ, 2. 2. 80.

97. Baba Bathra 21a. 여기서 인용한 탈무드 역 구절은 A. R. S. Kennedy D. B. 1. 650. 그 구절은 G. H. Box in E. B. 2. 1196, 그리고 A. Edersheim의 Sketches of Jewish Social Life in the Days of Christ, p. 134에 실려 있다.

98. C. Taylor, Sayings of the Jewish Fathers, p. 97. 테일러는 자신의 각주에서 전도서 1장 2절의 미드라쉬에 실려 있는 인생의 일곱 시기에 해당하는 일곱 가지 헛된 것들을 인용한다. "한 살배기 아동은 모두가 숭배하는 왕과 같다. 두, 세 살 아동은 오물 속에서 철버덕거리는 돼지와 같다. 열 살은 염소새끼처럼 뛰논다. 스무 살은 콧바람을 일으키는 사나운 말과 같고, 또 아내를 구한다. 아내를 얻으면 보라. 나귀와 같다. 자식을 얻으면 먹을 양식을 구하는 개만큼이나 부끄러움을 모른다. 나이가 들어 만일 율법을 모르고 또 지키지 않으면 원숭이와 같지만 율법의 자식이라면 늙었어도 다윗과 같은 왕이다(열왕기상 1:1)."

99. Sayings of the Fathers 4. 27. 테일러는 자신이 각주에 젊어 배우는 것은 바위에 새기는 것에 비유되지만, 늙어 배우는 것은 모래에 쓴 글자를 읽는 것에 비유된다는 유사한 어록을 덧붙인다.

100. S. Schechter, Studies in Judaism, First Series, p. 300.

101. Berakoth 3. 3.

102. 신명기 6장 9절

103. 시편 121편 8절

104. S. Schechter: Studies in Judaism, First Series, p. 301.

105. Shabbath 16. 6.

106. Yoma 8. 4.

107. 출애굽기 12장 26절 이하

108. Hagigah 1. 1.

109. Sukkah 2. 8; 3. 15.

110. 신명기 6장 4절; 33장 4절

111. Nidah 6. 11.

112. 신명기 31장 10절-12절

113. 사람들의 연령에서 살펴본 것처럼 성서를 공부하는 연령은 다섯 살로 정한다. 뒤에 어떤 랍비는 이렇게 권한다. "여섯 살이 안 된 아동을 학교에 들여놓으면 안 된다"(Kethuboth 50a).

114. Pesahim 112a.

115. Baba Bathra 21a.

116. 사도행전 22장 3절

117. Sayings of the Fathers 1. 4. 나중에도 의자를 사용할 수 없었다. 랍비 요카난(Jochanan)은 "서는 법을 배우기는 쉽지만, 앉는 법

을 배우기는 어렵다."는 재미있는 말을 했다.

118. 테일러는 이 구절에 관한 자신의 각주에서 율법의 전적인 포괄성
에 대한 찬사를 몇 가지 더 인용한다. "그 안에는 틀림없이 역사
와 이야기가 있다. 잠언과 불가해한 것이 있다. 신앙과 권고가 있
다. 만가, 탄원, 기도, 찬양, 또 온갖 종류의 기원이 있다. 그리고
인간의 책에 담긴 모든 장황한 기도보다 우월한 신적 방식에 관
한 이 모든 것이 있다. 그 심연에 거룩한 분, 복된 분의 이름들,
그리고 끝없는 존재의 비밀들을 담고 있는 그것은 말할 것도 없
다(Leb Aboth)." 부지런한 토라의 학생은 과학이나 철학을 공부
할 필요가 없다. 토라에는 '구원에 필요한 모든 것들'과 '세계의
온갖 지혜들'이 모두 담겨있기 때문이다. 토라를 공부하라. "그러
면 열국의 철학과 그들의 학문에 대한 책이 필요치 않을 것이다."
토라는 세계 전체보다 더 값지다. 이는 세계가 엿새 동안 창조
되었지만 토라는 바로 사십 일이나 걸려서 만들어졌기 때문이다
(Shemoth Rabbah 47).

119. Sotah 9. 14.

120. 여호수아 1장 8절

121. Men. 99b.

122. A. R. S. Kennedy: D. B. 1. 646.

123. Josephus: Against Apion 2. 17.

124. G. H. Box: E. B. 2. 1191: Babylonian Epic of Creation, final
tablet, reverse, 1. 22f.

125. 집회서 4장 24절

126. Sayings of the Fathers 2. 10.

127. Sayings of the Fathers 3. 12.

128. Megillah 18b.

129. G. H. Box: E. B. 2. 1200. 같은 글에서 박스는 "그들은 반복만 하고 반영하지는 않았다"는 제롬의 말을 인용한다.

130. **Gförer**: Jahr. d. Heils. 1. 170.

131. rubin 54a.

132. 사도행전 8:30

133. rubin 54a.

134. Sayings of the Fathers 6. 6. 재미있는 문제-그리고 그것이 사실일지도 모르지만 배우는 이들에게는 약간은 유용한-를 여기에서 모두 소개한다. "토라는 마흔 여덟 가지 방법으로 익힐 수 있다. 소개하면 이렇다. 배워서, 귀로 들어서, 말로 해서, 마음의 식별로, 경외로, 두려움으로, 온순함으로, 유쾌함으로, 순수함으로, 지혜를 섬김으로, 친구들과 이야기하며 토론함으로, 제자들의 논쟁으로, 침착함으로; 성서를 통해서, 미쉬나를 통해서; 거의 장사나, 관계나, 사치나, 잠이나, 떠들썩하지 않음으로써; 끈기로, 훌륭한 용기로, 지혜에 대한 신앙으로, 징계의 수용으로; 분수를 알고, 자신의 몫에 만족하고, 말조심하고, 욕심을 뷔지 않으며; 사랑을 받고, 하나님을 사랑하고, 사람을 사랑하고, 의로움을 사랑하고, 정직함을 사랑하고, 훈계를 즐겨하며; 명예를 등지고, 배움을 자랑하지 않고, 결정을 서두르지 않고, 친구와 짐을 나누고, 또 공을 내세우지 않고, 진리에 터하고, 화평에 터하며; 그리고 공부에 매진하고, 묻고 답하고, 듣고 또 거기에 보태며; 가르치기 위해서 배우고, 실행하기 위해서 매우며; 스승을 더욱 지혜롭게 하고, 들은 바

를 숙고하고, 전해준 사람의 이름으로 말함으로써 가능하다."

135. Essays on Jewish Life and Thought, The Letters of Benammi, Second Series, p. 54.

136. Khodadad E. Keith: The Social Life of a Jew the Time of Christ, p. 46.

137. 쉐마 전문은 신명기 6:4-9; 11:13-21; 민수기 15:37-41

138. 시편 113편-18편

139. 창세기 1장-5장

140. 레위기 1장-8장

141. 잠언 15:1과 A. C. Bouquet: Everyday Life in New Testament Times, p. 156; Khodadad E. Keith: The Social Life of a Jew in the Time of Christ, p.47 대조.

142. Midrash Rabba.

143. A. Edersheim: Sketches of Jewish Social Life in the Days of Christ, pp. 135, 136.

144. Kiddushin 4. 13.

145. Sayings of the Father 2. 6과 감독(episkopos)은 가르치기에 적당하고(didaktikos), 또 다투는 사람(orgilos)이 되어서는 안 된다고 하는 목회서신들의 주장(디모데전서 3:2; 디모데후서 2:24; 디도서 1:7); Yore Deah 145. 11, 대조할 것.

146. Essaying in Jewish Literature, the Letters of Benammi, Second series, p. 55에서 인용.

147. Sayings of the Fathers 4. 9.

148. Kiddushin 29a

149. Sayings of the Fathers 1. 11.

150. Sayings of the Fathers 2. 2.

151. 집회서 38장 25절

152. Sayings of the Fathers 4. 14.

153. Sayings of the Fathers 2. 6.

154. David Smith: Life and Letters of St. Paul, p. 25; Delitsch, Jewish Artisan Life, 5장 대조할 것.

155. Essaying in Jewish Literature, the Letters of Benammi, Second series, p. 55.

156. Kerithoth 6. 9.

157. Baba Metzia 2. 11.

158. Sayings of the Fathers 4. 15.

159. Shabbath 119b.

160. Essaying in Jewish Literature, the Letters of Benammi, Second series, p. 56.

161. A. Rabbinic Anthology, selected by C. G. Montefiore and H. Loewe에서 인용.

162. Jer. Hagig. 1. 7.

163. Essaying in Jewish Literature, the Letters of Benammi, second series, p. 56.

164. 레위기 19장 2절; 20장 7절, 26절

165. Leo Baeck: The Essence of Judaism, pp. 267-268.

166. Isidore Epstein, The Jewish Way of Life, pp. 200, 201.

부록 2
고대 이스라엘의 학교들[*]

"일찍이 그대가 글을 읊조린, 그대가 알고 있는 장점을 지닌 사람의 생명을 거두어서는 안 된다." _ 메리카레

:

복잡한 필기체계가 존재한 이집트와 메소포타미아에서는 공식적인 학교에서 필기 훈련이 실시되었고, 경우에 따라서는 성전과 연계될 때도 있었다. 레이(J. D. Ray)에 따르면, "그 지역의 글을 읽고 쓰는 모든 사회들은 행정을 담당하는 계급을 훈련시킬 필요가 있었고, 그 덕분에 모두가 대체로 동일하게 그 문제에 접근했을지 모른다. 복잡한 필기체계는 오랜 훈련과 함께 기계적인 학습과 과거에 대한 숭배를 요구했고, 전통과 교훈과 전달가능한 정서의 결합은 성공적이거나 윤리적인 행위에 적합한 잠언이나 규칙의 활용을 격려했다."[1] 그런 강조 때문에 이집트의 sb³yt라고 부르는, 지혜문헌 장르와 어느 정도 일치하는 교육용 문서가 등장했다.[2] 우가릿에서도 비슷한 훈련이 있었던 것으로 보인다. 그곳에는 아카드어를 기록하는데 필요한 쐐기문자 이외에도 28개의 알파벳이 존재했는데, 그 가운데 3개는 상이한 모음을 가리키는 알레프('alef) 기호들로 후르리인(Hurrian) 발음을 표기하는 데 쓸모가 있었다. 왕실의 행정문서는 우가릿에 보관하면서 참고하거나 보호했다.[3]

---

[*] James L. Crenshaw, EDUCATION IN ANCIENT ISRAEL: Across the Deadening Silence(New York: Doubleday, 1998), chap. 3.

이와 같은 지역 학교들에 대한 증거는 이론의 여지가 없다. 고대 이스라엘에 대해서는 동일하게 언급할 수 없고, 벤 시라(Ben Sira)가 직접 교육의 집을 운영하고 있음을 시사한, BCE 2세기 이전에 학교가 존재했는지에 상당 부분 논쟁이 집중되고 있다. 학습은 발생했다. 그것은 의심의 여지가 없다. 쟁점은 이 수업의 성격과 장소다. 일부 해석자들에 따르면 교육 장소는 가정이었고, 자녀의 교육을 완벽하게 책임진 부모들이 담당했다고 한다.[4] 나이든 세대가 젊은이들에게 풍부한 통찰을 전달하는 훈련이 대부분 구두로 진행된 게 아니라면 폭넓은 경험 덕분이었을 것이다. 잠언의 격언들에는 실제적인 학습과 도덕적 학습이 결합된 교훈이 압축되어 있다. 게다가 특수한 조합들이 다양한 직업을 훈련시켰다. 이런 훈련 장소는 가정의 가장이 주도했고, 학생들은 대부분 가족의 구성원으로 채워졌다. 기술자와 장인은 이런 방식으로 필수적인 훈련을 받았고 사회는 도공, 직조공, 가죽세공인, 대장장이 등의 도움을 받았다.

이런 훈련에는 읽기와 쓰기 전문가들이 일체 관여하지 않는다. 기억 이외에도 기초적인 기록보관제도는 문서화 이전에 이미 존재했고, 사회는 글을 의지하지 않아도 상당히 잘 돌아갔는데, 대부분이 작은 마을에서 생활할 때는 특히 그랬다. 시골생활은 스스로를 의지하게 만들어서 가정마다 생계를 꾸릴 수 있는 다양한 기술을 익혔다. 그런 상황은 추가적인 기술이나 협업을 위한 일꾼의 숫자를 늘려주는 이웃들과 협력하게 만들기도 했다.

다른 비평가들은 이스라엘이 솔로몬 시대나 8세기의 히스기야 시대에 시작된 복잡한 정규교육제도를 보유했다고 주장한다.[5] 이 학자들은 나중에 정경에 포함된 문서를 읽고 베낄 수 있도록 학생들을 훈련시킨 유급 교사들을 교육할 목적으로 따로 마련한 건물을 염두에 두고 있다. 고전적인 문서 가운데 일부가 성서의 지혜문헌을 구성하지만, 필기를 위한 문헌의 종류는 종교문서에 국한되지 않았다. 학습 장소들은 정치선전, 기록보관, 서신왕래, 그리고 예술적인 묘사처럼 다양한 업무에 필요한 숙련된 서기관을 제공하려는 왕실 행정부의 바람에 부응했다. 탁월한 서기관들만이 관리가 될 수 있었고, 대개는 일반적인 업무에 관여하면서 상인을 지원하고 유언장, 결혼과 이혼 계약서, 토지매입 같은 공식문서를 작성했다.

이스라엘의 서기관 훈련이 학생들에게 외국어, 특히 쐐기문자와 상형문자의 복잡한 필기체계를 중심으로 읽기와 쓰기를 가르쳤다면, 교육은 기록된 히브리어같은 독자언어의 단순한 습득보다 상당히 오랜 기간이 필요했다. 외교통신 때문에 아람어의 사용이 확산되면서[6] 다른 상황이 전개되고, 그 덕분에 쐐기문자나 상형문자보다 서체를 익히는 훈련이 상당히 크게 줄었다. 따라서 이스라엘 학교의 발전이 아카드어와 이집트어 지식이 국제관계에서 핵심을 차지한 10세기였는지, 아니면 아람어가 일반적으로 충분히 친숙해진 8세기였는지의 여부는 상당한 차이가 있다. 하지만 신관문자 기호의 완벽한 목록을 활용한 가데스-바네아(Kadesh-Barnea) 전초기지에서 발굴된 명문은 7세기와 6세기까지 필기 훈련이 적어도 일부개인들에게는 히브리어와 아람어를 넘어서는 광범위한 지식이 요구되었다는 사실을 제시한다.[7]

성서의 일부 철학적인 본문을 고려하면 그림은 한층 더 복잡해진다. 욥기와 전도서가 구술 문화에 기원을 두었을 수도 있지만, 처음부터 저자들이 스스로의 생각을 기록했을 가능성이 훨씬 더 높다. 전도서의 일차 종결 부분은 전도서 저자(Qoheleth)의 신뢰할만한 발언의 기록을 떠올리게 만들고, 욥기는 무고한 고난과 그런 불행에 대한 적절한 반응에 관한 문학적 토론의 출발점으로 활용하는 구전 설화에 근거한 것처럼 보인다.[8] 이스라엘의 학교들이 학생과 교사에게 삶의 이례적인 일들을 성찰하고 존재의미를 철저히 생각할 수 있는 공간을 제공했을까? 이 질문에 대한 긍정적인 답변은 읽고 쓰는 기술을 익히는 데 필수적인 것보다 더 수준 높은 교육을 떠올리게 만든다. 실제로 일부 해석자들은 이스라엘 지역의 작은 마을에서는 초등교육, 대도시에서는 중등교육, 그리고 수도나 기타 일부 신흥도시에서는 수준 높은 훈련이 제공되었을 것으로 추측한다.[9]

활용이 가능한 증거를 모두 평가하기는 쉽지 않다. 예컨대, 다윗의 성에서는 예루살렘의 행정학교 가설을 뒷받침하는 명문의 증거가 여전히 발견되지 않고 있다. 증거의 부재는 지금껏 정확한 장소를 발굴하지 못했다는 뜻일 수도 있지만, 성의 지속적인 약탈이나 방화 때문에 현대의 학자들이 찾고 있는 문학적 증거가 완전히 파괴되었을 가능성이 한층 더 높다. 인상적인 도서관이나 풍부한 문서가 발견된 고대 근동지역과 달리,[10] 예루살렘은 현재까지 지속적인 거주에 따른 특별한 문제들을 내포한다. 게다가 기후는 이스라엘에서 중요한 문서에 사용되는 일반적인 매체인 가죽이나 파피루스에 기록된 본문을 보존하는 데 도움이 되지 않는다. 그런 물적 증거는 존재했더라도 오래 전에 사라졌고, 따라서 현대의 해석자들은 도처에서 발견된 작은 조각이나 단편에 의지할 수밖에 없다. 그것들은 대부분 도자기 조각에 어쩌다가 기록된 글들이다.

| 학교에 대한 성서의 증거 |

성서 기록자들은 학교를 일체 언급하지 않았는데, 이런 침묵은 두 가지 상이한 방식으로 해석될 수 있다. (1) 학교의 존재가 너무 잘 알려져서 당연히 언급할 필요가 없거나, 아니면 (2) 고대 이스라엘에는 학교가 존재하지 않았다. 침묵에 근거한 주장들은 이따금씩 설득력을 결여하기도 한다. 성서 기록자들은 당시에 확실하게 존재한 일상의 삶이라는 또 다른 중요한 측면에 관해서 역시 침묵했기 때문이다. 그럼에도 불구하고 학습 장소에 대한 약간의 언급을 당연히 예상할 수 있는 잠언의 경우에 학교 같은 기관을 전혀 언급하지 않은 것은 직조나 피혁작업 등과 같은 다양한 직업의 훈련 장소에 관해서 침묵하는 것과는 다르다.[11]

형식적인 학교를 전제하지 않아도 파악할 수 있는 본문들은 그런 기관을 그저 암시할 뿐이다. 본문들을 보다 자연스럽게 읽는 방식이 학생들이 읽기와 쓰기를 학습한 장소를 가리키는 것 같아도 그렇다. 이사야 28장 9-13절에 등장하는 어린이의 중얼거림에 대한 생경한 발언은 학생들이 다양한 모음과 일치하는 일련의 자음을 인용하면서 알파벳을 연습하는 교육방법을 비난하는 것처럼 보인다. 무의미한 말은 당연히 술꾼의 무익한 잔소리를 닮았는데, 엄마의 젖을 갓 뗀 아무 생각 없는 아이 때문에 더 우스워진다. 읽고 쓰는 것을 익힐 목적으로 수집한 세 살배기라는 개념은 해석자들에게 문제를 제기해서 그 표현을 아카드어의 변질된 내용으로 받아들이게 만든다. 하지만 본문을 읽어보면 동일한 소리를 반복하는 특징을 가진 학습 환경이 친숙했다는 것을 전제하고 있는 듯하다. 설명은 어린이의 행동을 조롱하지만, 그 무엇보다 학교와 잘 어울린다.

> 그들이 이르기를 그가 누구에게 지식을 가르치며
> 누구에게 도를 전하여 깨닫게 하려는가
> 젖 떨어져 품을 떠난 자들에게 하려는가
> 대저 경계에 경계를 더하며
> 경계에 경계를 더하며
> 교훈에 교훈을 더하며
> 교훈에 교훈을 더하되
> 여기서도 조금, 저기서도 조금 하는구나 하는도다
> 그러므로 더듬는 입술과 다른 방언으로
> 그가 이 백성에게 말씀하시리라
> 전에 그들에게 이르시기를 이것이 너희 안식이요
> 이것이 너희 상쾌함이니
> 너희는 곤비한 자에게 안식을 주라 하셨으나
> 그들이 듣지 아니하였으므로
> 여호와께서 그들에게 말씀하시되
> 경계에 경계를 더하며
> 경계에 경계를 더하며
> 교훈에 교훈을 더하며
> 교훈에 교훈을 더하고
> 여기서도 조금, 저기서도 조금 하사
> 그들이 가다가 뒤로 넘어져
> 부러지며 걸리며 붙잡히게 하시리라(이사야 28장 9절-13절)

이 본문은 사람들이 예언자를 놀리는 것을 묘사하는데, 예언자들은 교사가 어린이에게 읽기와 쓰기의 기초를 가르치는 것과 동일한 방식으로 교육한다는 비난을 받았다. 이사야는 아시리아의 협박에 넘어가도록 만드는 신적인 "무의미한 발언"으로 위협을 일삼는 그들의 어리석음을 비난한다.[12]

이사야 50장 4절-11절에 등장하는 시들의 세 번째 부분을 현대 해석자들은 종의 노래로 간주한다. 알 수 없는 종은 가르침을 받은 혀를 소유하도록 주장한다.

> 주 여호와께서 학자들의 혀를 내게 주사
> 나로 곤고한 자를 말로 어떻게 도와 줄 줄을 알게 하시고
> 아침마다 깨우치시되
> 나의 귀를 깨우치사
> 학자들 같이 알아듣게 하시도다(이사야 50장 4절)

히브리어 림무딤(limmudim, 그리고 전치사가 붙어서 형상을 뜻하는 kallimmudim)은 의도적인 훈련의 결과에 익숙했음을 시사한다. 그 표현은 정규 교육에만 국한되지 않는다. 다른 곳에서는 그것이 가축의 훈련된 반응을 묘사할 때도 있기 때문이다. 수동적 형용사는 그런 교육의 최종적인 결과를 의미한다. 종은 교육받은 사람의 준비된 혀를 소유하고 있다. 게다가 그는 주인에게서 그 교육을 받았다고 자랑한다. 종은 날마다 잠자리에서 일어나서 조심스럽게 귀를 기울인다.[13]

이 표현은 고대 근동의 용법을 그대로 따른다. 그곳에서의 학습

은 시각 활동의 결과라기보다는 귀를 통해서 이루어진다.[14] 교육자는 주로 구두암송을 활용하고 학습자는 들은 내용을 암기하는 것에 의지했기 때문에 종의 발언은 정규 학교를 신적 교육의 유비로 활용하는 것일 수도 있다. 관찰해보면 가정에서의 구두 교육을 제대로 반영한 것일 수도 있다. 부모가 자녀를 깨우고 건전한 충고로 하루를 시작하게 해서 결국에는 성격의 틀을 잡아가듯이 신적 부모는 반항적인 이스라엘 사람들과는 사뭇 대조적으로 종을 부드럽게 가르친다. 요약하면, 이 본문은 바빌로니아에 포로로 끌려온 유대인들 사이에 정규 학교가 있었는지의 여부를 확인하지도 부정하지도 않는다.

주님이 선택한 개인을 개별적으로 지도한다는 과감한 주장은 이사야 28장 23절-29절에 등장하는 소박한 농부들을 포함하는 것으로까지 확대된다. 여기서 예언자는 주님이 농부들에게 매일의 임무를 교육하고 적절한 순간에 적절한 분량으로 모든 일들을 처리하도록 교훈하고 있음을 관찰한다. 이것은 신적 심판이 발생하는 통제된 방식을 강조하는 파종과 추수 방법에 대한 설명을 보여준다. 26절에는 놀라운 발언이 등장한다.

> 아는 그의 하나님이 그에게 적당한 방법을 보이사
> 가르치셨음이며

지혜자들의 언어에 강력한 영향을 받은 예언서의 본문으로 자주 간주되는 효과적인 농사법에 대한 이 교훈은 만군의 야웨의 경영은 기묘하고 지혜는 광대하다는 선언으로 끝난다. 이 본문이 이른

바 게셀 달력(Gezer calender)과 공통적인 주제를 공유하고 있지만, 종교적인 색채나 자의식적인 교수법은 현저하게 다르다. 그 내용은 이렇다.

> 그의 두 달은 (올리브 추수),
> 그의 두 달은 (곡물의) 파종,
> 그의 두 달은 늦은 파종,
> 그의 달은 아마의 괭이질,
> 그의 달은 보리 추수,
> 그의 달은 추수와 잔치,
> 그의 두 달은 포도나무 돌보기,
> 그의 달은 여름 과일.(ANET, 320)[15]

정규교육을 가리키는 것일 수 있는 또 다른 성서 본문은 잠 언 22장 17절-21절이지만, 그것과 이집트의 아메네모페 교훈 (Instruction of Amenemope) 사이의 관계는 이스라엘 관습을 보여주 는 증거로서 갖는 가치를 축소시킨다.

> 너는 귀를 기울여 지혜 있는 자[16]의 말씀을 들으며
> 내 지식에 마음을 둘지어다
> 이것을 네 속에 보존하며
> 네 입술 위에 함께 있게 함이 아름다우니라
> 내가 네게 여호와를 의뢰하게 하려 하여
> 이것을 오늘 특별히 네게 알게 하였노니
> 내가 모략과 지식의 아름다운 것을 너를 위해 기록하여[17]

네가 진리의 확실한 말씀을 깨닫게 하며
또 너를 보내는 자에게 진리의 말씀으로 회답하게 하려 함이 아
니냐(잠언 22장 17절-21절)

아메네모페의 서른 개 발언에 적합한 이집트의 상황, 즉 왕의
신하를 위한 정규교육은 공식적인 정서의 정확한 전달에 대한 언급
에 반영되어 있다. 잠언의 발언들의 기능을 이해하기 위한 핵심적
인 쟁점은 특정 문화에서 또 다른 문화로의 전수와 관계가 있다.[18]
이집트의 교훈과 유사한 히브리의 교훈이 일부 겹치는 것은, 능숙한
개인들이 임금을 섬기게 된다는 언약(22장 29절)에도 불구하고 두
개의 본문이 유사한 맥락에서 작동한다고 결론짓는 것을 위험하게
만든다. 신하들을 위한 교육은 성서의 지혜에서 중요한 구실을 담
당하지 않으며,[19] 잠언 22장 17절-21절에 소개된 글에서조차 부모의
교훈은 독자에게 주의를 요구한다. 겸손을 주장하는 상황은 잠언
23장 22절에서 두드러진다.

너를 낳은 아비에게 청종하고
네 늙은 어미를 경히 여기지 말지니라[20]

그 다음 구절은 젊은이에게 진리를 구입하도록 격려하는데, 계
속해서 지혜와 훈계와 명철이라는 세 가지 대표적인 표현으로 광범
위하게 지식을 정의한다.
아메네모페와 성서 본문 간의 공통적 요소는 서기관이 사용하
는 번역보다는 오히려 대중적인 교훈에 의해서 형성되었지만, 통치

자 앞에서 식욕을 억제하는 것에 관한 교훈은 결코 그렇게 설명되지 않는다. 잠언 22장 17절부터 24장 22절까지의 내용 전체가 잠재적인 신하들에게 필요한 공식적인 가르침의 구실을 했을지 모르지만, 이런 식의 모호한 본문으로는 그 문제를 해결하지 못한다.

이 본문에서 진리를 구입하라는 암시는 사람들이 얼마간의 돈을 투자해서 지혜를 소유하도록 촉구하는 잠언의 또 다른 대목들을 떠올리게 만든다(4장 5절, 7절; 17장 16절). 일부 비평가들은 학비를 부과하는 정규교육의 맥락에서 이 발언을 이해한다.[21] 이런 본문들의 첫 번째 부분에서는 무엇인가를 구입하는 것과 관계된 히브리어 명령형이 네 차례 등장하는데, 4장 5절과 4장 7절에서 각각 두 차례씩 사용된다. 어근 카나(qana)는 후반 구절에 다섯 번째로 등장하지만, 단순부정사 형태를 하고 있다. 이 구절들의 목적은 오직 두 가지, 즉 지혜와 명철이다. 다른 본문은 지혜를 위해서 돈을 지불하는 것을 비정상적이고 어리석게 간주한다. 하지만 그런 지출에 따른 이익을 취할 수 있는 지적 통찰력이나 의지는 존재하지 않는다. 본문은 지식을 위해서 값을 치르는 것을 유능한 학생들에게만 의미가 있을 뿐이라는 사실을 확실하게 암시한다.

그런 언어는 상징적일 수 있다. 실제 일상의 삶에서 수업료를 지불하는 것에 대한 구체적인 분석이 없었기 때문이다. 값진 것의 구입을 가리키는 이런 낱말의 이해는 예언적인 표현 덕분에 강화된다. 예컨대, 이사야 55장 1절-2절의 사바르(sabar)와 사칼(sakal)이라는 두 개의 동사들은 상이해도 거기에 해당한다.

오호라 너희 모든 목마른 자들아

물로 나아오라

돈 없는 자도 오라

너희는 와서 사 먹되

돈 없이, 값 없이 와서

포도주와 젖을 사라

너희가 어찌하여 양식이 아닌 것을 위하여

은을 달아 주며

배부르게 하지 못할 것을 위하여

수고하느냐

집회서 51장 23절-25절, 28절에 기록된 벤 시라의 표현은 어쩌면 이 익숙한 본문을 반복하는 것일 수 있지만, 돈을 지불하지 않은 채 지혜를 구하는 이 맥락에서는 특별히 갈증을 암시할 수도 있다. 그 역시 상당한 부가 보상된다고 생각한다. 더 일반적인 히브리어 판본이든 아니면 은 대신에 금을 후하게 약속하는 그리스어 판본이든 간에 그것은 사실이다.[22]

내 교훈을 잠시만 들어도

그 덕에 은과 금을 얻을 것이다.(히브리어 판본)

은을 많이 주고서 지혜를 배우며

그 덕으로 많은 금을 얻을 것이다.(그리스어 판본)

지혜자들은 서기관의 활동을 거론할 경우에 비슷한 은유를 활용했다. 야웨의 율법, 또는 마음 판에 충성심이나 성실함 같은 추상적인 자질을 기록하라는 권고가 그런 사례에 해당한다(잠언 3장 3절; 7장 3절).

게다가 성서 문헌에서 이끌어낸 이 그림을 복잡하게 만드는 것은 엘리야와 엘리사, 그리고 이사야 등의 주변에 모여든 예언자 동료들이라는 추론이 가능한 존재이다. 영향력 있는 예언자의 이런 충실한 추종자들이 느슨한 세계관으로 학교를 구성하기는 했지만, 그렇다고 해서 그들이 앞서 논의한 유형의 기관을 보장하는 것은 아니다. 어린 소년들에게 필수적인 읽기와 쓰기를 가르치는 대신에 이런 학교들은 스승의 신탁을 보존해서 결국에는 존경받는 전통이 기록된 본문으로 편집되었다.[23] 더구나 예언자 예레미야는 바룩이라는 이름의 서기관에게 도움을 받을 수 있었다. 바룩이나 그와 비슷한 사반 같은 이들이 문서를 작성할 수 있는 능력을 어디서 획득했는지 궁금해 하는 것은 당연하다.

이쯤에서 성서 문헌의 온갖 부수적인 정보들을 거론할 필요가 있다. 이런 본문들이 이미 10세기부터 이스라엘 사회에 문맹을 벗어난 이들이 일부 존재했다는 것을 전제하기 때문이다. 이것은 다윗이 죽음을 앞둔 헷 사람 우리아의 손에 요압에게 보내는 편지를 들려 보낸 이야기를 신뢰하는 한 그렇다. 최소한 신명기 시대의 문학 행위에 대한 언급은 이 6세기의 저자가 글쓰기를 이스라엘과 유다에 속한 아주 드문 시민들의 일상생활과 관계된 것으로 전제했다는 뜻이다. 마찬가지로 다니엘 1장 3절-20절을 기록한 후대의 저자는 고귀한 목적을 위해서 야웨가 헬라화 된 사회 내부에 일종의 교육을 활용할 수 있다는 사실을 당연하게 간주했다. 시편 119편 99

절 역시 동일한 배경을 상정할 수 있다. 저자는 주님의 지시를 묵상한다고 소개하면서 어떤 교사들보다 더 잘 이해하고 있다고 자랑한다.

| 팔레스타인 명문의 증거 |

앙드레 르메르(Andre Lemaire)는 결론을 못 내린 성서자료 때문에 빚어진 난국을 해결할 목적으로 팔레스타인 명문을 강조했다.[24] 이것을 기초로 그는 왕정 이전 시대부터 팔레스타인 전역에 학교들이 존재했다고 결론을 내렸다. 그 과정에서 르메르는 상이한 11개의 자료들을 검토했다. (1) 라키시(Lachish), 가데스-바네아(Kadesh-Barnea), 쿤틸렛 아즈룻(Kuntillet-Ajrud), 그리고 어쩌면 아로러(Arorer)에서 발견되었을 알파벳 글자들, (2) 아랏(Arad)에서 발견되었을 분리된 알파벳 글자들과 글자 무더기, (3) 어쩌면 라키시에서 발견되었을 비슷한 모양대로 분류된 글자들, (4) 아랏, 가데스-바네아, 그리고 어쩌면 쿤틸렛 아즈룻에서 서너 차례 기록되었을 낱말들, (5) 아랏과 아로러에서 발견되었을 개인의 이름들, (6) 형식적인 편지의 앞머리들, (7) 게셀에서 발견된 여러 달의 목록, (8) 가데스-바네아에서 발견된 상징들, (9)가데스-바네아의 숫자를 가리키는 연속적인 표시와 측량 단위들, (10) 쿤틸렛 아즈룻과 어쩌면 라키시에서 발견되었을 그림들, (11) 쿤틸렛-아즈룻의 외국어, 즉 페니키아어로 하는 읽기연습.

증거의 성격 덕분에 실제 내용-읽을거리가 이따금씩 애매했지만-과 의도 모두 적지 않은 관심을 끌었다. 르메르는 이런 명문(銘文)의 특징이 히브리어 서체와 알파벳을 습득하고, 농사력에 관한 정확한 서간체 형식과 핵심적인 정보를 기억하고, 세련된 글씨 기술을 익히고, 그리고 적절한 이름들의 알파벳에 익숙해지려는 학생들의 노력에서 비롯되었다고 추측한다. 그는 솜씨 없는 글씨와 대문자들을 학생 탓으로 돌리는데, 글자들이 뒤바뀌는 것 같은 실수 역시 마찬가지다. 역시 그는 서로 닮은 알파벳을 병치한 것을 학생들이 식별능력을 발휘하기 시작한 증거로 간주한다.

이 증거 가운데 일부는 상당한 가치를 갖는다. 훈련된 서기관을 가리키는 선명한 페니키아 서체의 존재, 알파벳 글자들, 글쓰기 기술의 권위 있는 교육을 의미하는 듯한 일관된 고서체, 그리고 비슷한 알파벳의 병치가 거기에 해당한다. 르메르의 가설에 대한 에밀 퓌에쉬(Emile Puech)의 평가는 그 증거를 네 가지로 제한한다. (1) 아랏에서 출토된 오스트라콘 90에 그가 추가한 토기조각의 알파벳 글자들, (2) 분리된 글자들, (3) 반복되는 숫자들, 그리고 (4) 순서를 따르는 숫자들의 목록.[25] 퓌에쉬는 일관된 철자법과 알파벳 글자들의 순서와 함께 철필과 먹물을 활용한 것에 주목해서 그 주장을 지지한다.

르메르가 제시하는 대부분의 증거는 다른 해석이 가능하다. 서체의 크기는 나쁜 시력, 그리고 글씨의 불규칙한 수준은 일부가 다른 이들보다 솜씨가 더 낫다는 사실을 보여주는 것일지 모른다. 알파벳 순서로 정렬된 편지들에 대한 다양한 설명을 상정할 수 있다. 그것들은 개인의 이름이나 장소의 일부를 의미할 수도 있다. 그것들은 어떤 대상을 장식하려는 시도를 가리키는 것일 수 있다. 꽃병을 장식할 준비를 하는 장인의 몇 차례 연습한 것일 수 있다. 그것들은 낙서일 수 있고, 어떤 신비한 주술적 목적을 지니고 있으나 설명이 되지 않을 수도 있다.

지지를 받고 있는 증거 가운데 일부는 확실하게 배제할 수 있다.[26] 줄사다리로 겨우 접근할 수 있는 단독 주거지인 나할 미크마쉬(Nahal Michmash)에서 발굴된 알파벳 글자들은 아주 외진 지역에는 학교가 존재할 수 없음을 보여준다. 마찬가지로 키르벳 엘-콤(Khirbet el-Qom)에서 발견된 세 개의 알파벳들인 "와 'b, 그리고 nl로 보이는 것은 좁은 통로를 지나서 짧은 수직통로로 내려가야 들어갈 수 있는 어두운 지하무덤의 중앙에 위치한다. 쿤틸렛-아즈룻(Kuntillet-'Ajrud) 사막의 가파른 비탈 꼭대기 방에서 발견된 커다란 항아리의 세 개짜리 알파벳처럼 그것들은 이런 문제들을 제기한다. 학생들은 어디서 왔고 어째서 이곳에 모였을까? 쿤틸렛-아즈룻의 이 작은 방은 건물에 들어서는 사람들이 통과해야 하는 곳에 위치해서 학습에는 적합하지 않았을 것이다. 두 개의 알파벳들인 'to t는 'p 다음에 오지 않는데, 이것이 'p 다음의 일반적인 순서를 따르는 다른 두 개를 베끼려는 학생의 시도를 가리킨다면 전혀 상상할 수 없다. 마찬가지로, 예레미야애가 1장과 2장에는 이 두 글자들의 순서가 바뀌어 있다. 이것은 두 개의 알파벳을 제외한 모든 글자들이 일반적인 순서를 따르는 알파벳 놀이다. 세 개의 알파벳들 가운데 가장 위에 있는 것은 t to t이고, 가장 낮은 곳에 있는 것은 k to t인데, 둘 다 필기체다. 서체가 더 작고 각진 형태를 갖고 있는 두 번째 것과는 대조적이다. 두 번째와 세 번째 알파벳들 사이에서 s'rm이라는 글자들이 두 차례 등장한다. 그리고 두 개의 간단한 문장들은 'mr로 시작해서 축복으로 끝난다. 반복되는 s'rm이 학생들의 연습을 가리키고, 또 'mr이 그들에게 서간체의 상투적인 형식을 익히는 것을 보여준다는 주장은 그 형식이 관례적 명령형보다는 3인칭 남성형 단수 동사가 될 수 있음을 간과한 것이다. 게다가 처음 1천 년 동안 사용된 북서 셈어(Northwest Semitic)에 두 차례 등장한 것을 근거로 상투적인 형식으로 분류할 수 있을까?

일례로 알파벳 명문은 고대 이스라엘이 배제된 시기에 속하고, 또 이 경우에는 가나안인의 학교와도 무관하다. 이스벳 사르타('Isbet Sartah)의 오스트라콘은 다섯 개의 행으로 구성되었는데, 그 가운데 하나는 왼쪽에서 오른쪽으로 기록된 알파벳이고 나머지 네 개의 행들은 가나안인의 원형이 되는 서체이지만 판독은 불가능하다. 이곳과 가장 가까운 지역으로 대략 4.8km 떨어진 가나안인의 도시 아벡(Aphek)은 13세기에 파괴된 게 분명하다. 하지만 이스라엘의 지배는 11세기에 시작되었다. 이스라엘 사람들이 가나안 사람들의 학교에서 공부했을 가능성은 없다. 라키시에서 발견된 세 개의 명문에는 알파벳의 처음 다섯 글자들로 구성된 알파벳 명문들이 포함되어 있는데, 거기에는 포효하는 사자의 상징도 있다. 석회석 계단 위쪽의 명문 위치를 보면 글을 새기는 사람은 낮은 계단에 어정쩡하게 앉은 채 위쪽 구석을 비스듬히 가로질러 새기려고 팔을 뻗어야 했을 것이다. 일부가 지워진 두 번째 명문에는 열한 개의 글자들 가운데 세 개가 남았고, 사라진 글자들 덕분에 여백은 넉넉하지 않다. 세 번째 명문에는 활과 비슷한 표시 이외에도 불에 그슬린 항아리에 기록된 'bgd(또는 r)이라는 글자들이 선명하다. 다른 곳 봉인에 있는 l'bgd(Abigad)라는 이름을 감안하면 여기에서도 이름으로 해석할 수 있다.

아랏에서 발굴된 그릇에 관한 방대한 증거는 서툰 거울문자 (mirror writing)로 구성되어 있지만, 여덟 차례 등장하는 아랏이라는 낱말은 일관적이지 않다. 여섯 차례나 글자들이 오른쪽에서 왼쪽으로 기록되었으나 거울문자였고, 그리고 일반적인 방식으로 오른쪽에서 왼쪽으로 기록된 것은 두 차례다. 글자를 제대로 조립하는 법을 아는 학생은 올바른 순서를 알고 있었을 가능성이 높다. 어쩌면 제사장의 책임을 위임하는 것일 수도 있는 오스트라콘 87과 88에 자신 있게 적어 넣은 이름들, 오스트라콘 50-57에 등장하는 이름들, 그리고 오스트라콘 33에 재고조사를 시사하는 숫자들과 양을 지칭하는 신관문자 기호들 다음에 htm(밀)이 서너 차례 사용된 것처럼 학교 이외의 장소를 가리키는 것들은 그릇의 명문을 달리 해석하도록 부추긴다. 그릇을 장식하려는 시도 자체가 데이르 알라(Deir 'Alla)에서 발견된 그릇과 비슷한 자료를 가장 잘 해석하는 것으로 인정된다.

아로러에서 발견된 두 개의 토기조각들은 한 쪽에 qr이라는 순서로 기록되어 있지만 개인의 이름으로 추정된다. 필기연습을 가리키는 것이라고 가장 강력하게 주장할 수 있는 유일한 장소인 가데스-바네아에서는 다섯 개의 토기조각이 발굴되었다. 7세기의 조각은 zht라는 글자들이 아주 선명하다. 또 다른 특징은 ml'과 wt'sr이라는 낱말들이 각각 한 차례 반복된다는 것이다. 나머지 세 개는 신관숫자의 목록이 기록되어 있는데, 필기연습의 결과인 것처럼 동일하게 반복된다.

그레이엄 데이비스(Graham I. Davies)는 최근에 고대 이스라엘의 학교에 대한 증거를 평가하다가 확실하다는 결론을 내렸는데, 특히 금석학 자료가 그랬다.[27] 이 분야에 대한 폭넓은 지식을 근거로 그는 세로로 기록되었고 이집트의 신관숫자의 기호를 활용하는, 잘 알려지지 않은 가데스-바네아의 명문들에 호소한다. 그는 어느 것(no. 4)은 동일한 숫자(2382)가 아홉 차례 등장하고, 다른 것(no. 3)은 숫자들이 두 개의 세로 줄로 숫자가 뒤섞여 있다. 세 번째 세로 줄은 qrh 단위 이후에 나오는 100부터 800까지의 숫자들이 포함되어 있고, 세 번째 것(no. 9)은 세겔 표시 앞에 100부터 500이라는 숫자가 나오는데, 무엇보다 중요한 것은 한 명문(no. 6)에는 1부터 10,000까지의 수열이 오른쪽에 여섯 개, 그리고 왼쪽에 세 개씩 세로로 기록되어 있다는 것이다. 가끔 이것들은 에바(또는 고르)나 세겔에 해당하는 기호들과 함께 발견되기도 한다. 데이비스는 이것이 "가데스-바네아에서 나온 다른 것들처럼 교육을 받는 서기관의 실제 연습이 분명하다."고 결론을 내린다.[28] 그는 외진 성채에서 그런 식의 서기관 훈련이 있었다는 게 당혹스럽지만, 그 증거 덕분에 비슷한 훈련이 주요 행정지에서 실시된 게 분명하다는 가설을 세우게 되었다.

10세기에 특이하게 석회석판에 기록된 유명한 게셀 달력은 어떨까? 글씨를 지우고 다시 쓴 이 고대문서는 세 개의 다른 서판들과 비교를 거쳤다. 8세기의 페니키아 서판, 텔 할라프(Tell Halaf)에서 발견된 아람어 서판, 그리고 몇 개의 이름들을 다섯 개의 행으로 서툴게 기록하고 지운 부분이 남아 있는 비블로스(Byblos)의 석회판이 그것들이다. 후자의 경우만이 게셀 달력과 비슷하고, 두 개의 사례들은 무관하다. 스튜어트 웍스(Stuart Weeks)는 게셀 서판을 진정성이 논란이 되고 있는 아르슬란 타쉬(Arslan Tash)의 주문 서판들과 비교환다.[29] 그는 중요하면서도 실질적인 문제를 제기한다. 서판들은 나무나 점토만큼 선호된 필기도구였을까? 질문에 대한 확실한 답변은 게셀 서판이 주술이나 봉헌의 기능을 했다는 생각을 하도록 만들었다.

획일적인 서체를 근거로 학교를 주장하는 것은 어떨까? 여기에는 두 가지의 관찰내용을 적용할 수 있다. 첫째는 시간이 겹치는 상이한 양식의 서체에 변화가 있다는 것이고, 둘째는 히브리어 알파벳이 적어도 모음이 사용될 때까지는 거의 선택의 여지가 없다는 것이다. 아랏(Arad)과 라키시(Lachish)의 공문에 등장하는 철자법의 변형은 6세기까지 지속되었고, 대표적인 모음들의 지역적인 변화 역시 발생했다. 그럼에도 불구하고 철자법과 서체의 뚜렷한 획일성은 표준화된 교육을 확실히 시사하고 있는 게 분명하다. 서기관 조합이 이 현상을 적절하게 설명하는지의 여부가 불확실해도 그렇다.

서너 곳에 실제 학교들이 존재했다고 상정하는 명문의 증거가 충분하다고 인정할 경우에는 다음 같은 문제가 즉시 수면에 떠오른다. 교사들은 어째서 이런 학생들의 연습을 전혀 바로잡지 않았을까? 이집트와 메소포타미아에서 발견된 비슷한 본문들은 확실하게 교정을 받아서 실제 교육적 상황을 확인할 수 있다. 팔레스타인의 명문들이 비슷하게 교정을 받았다면 학교들의 증거 역시 훨씬 더 호소력이 있었을 것이다.

왕실의 서신들과 중요한 문서들의 보존의 필요가 왕정시대 학교교육의 광범위한 확산을 만들어냈을까? 이 문제에 대한 판결은 아직 이르지만, 단일 조합에 속한 훈련받은 서기관들의 소규모 집단은 중요한 서신들과 이스라엘과 유다의 기록을 쉽게 관리하고 보존할 수 있었다. 아람어라는 단일 언어를 지향한 8세기 이후로 외교정책이 표면에 부상했을 것이다. 히브리어를 읽고 쓰는 훈련의 경우에는 문자의 단순함 때문에 학생들이 필수적인 기술을 단기간에 획득할 수 있었을 것이다. 복잡한 언어체계를 습득하는 데는 여러 해에 걸쳐 공부해야 했다. 일부 해석자들은 이스라엘의 수준 높은 학자들이 문학을 교육 자료로 활용했다고 가정하기도 하지만, 이런 주장을 뒷받침할 수 있는 증거는 존재하지 않는다. 이스라엘 왕실의 행정에 필요한 서기관의 훈련은 대부분 전적으로 실용적 특징을 지니고 있었다. 예비 서기관들은 왕실의 서신을 기록하고, 물품의 기록을 보관하고, 그리고 효과적인 선전을 통해서 군림하는 군주를 홍보할 수 있는 방법을 익혔다.

왕실의 서기관들을 단 한 차례 언급하는 잠언 25장 1절은 동사 he'tiqu를 사용하는데, 대개는 "움직이다," "제거하다," "뒤집다" (창 12:8, 26:22; 욥 9:5, 32:15)라는 의미를 갖는다. 70인역은 그 동사를 "베끼다"(exegrapsanto)로, 불가타역은 "옮기다"(transtulerunt)라는 표현으로 활용한다. 성서 안에서 국왕 히스기야를 전설적인 위상으로 승격시키는 흐름-이사야 38장 9절에서 그에게 시편을 바치고, 그를 열왕기하 18장부터 20장과 이사야 36장부터 38장 사이에 등장하는 기적의 대상으로 파악하는 것-은 이 명문이 동일한 흐름에 속한다는 것을 시사한다. 익히 알려졌듯이 다윗은 시편, 그리고 솔로몬은 지혜 문헌에서 비슷한 현상에 둘러싸여있다. "히스기야의 신하들"이라는 표현은 국왕과의 특별한 관계를 가리키는 것일 수 있다 (왕상 10:8과 비교). 잠언 25장 1절의 동사 he'tiqu가 일반적인 의미를 갖는다면 그것은 왕실의 당사자들이 10장 1절부터 22장 16절에 해당하는 솔로몬의 모음집과 함께, 이후에 나오는 발언의 모음집(25:2-29:27)을 제거했거나 보다 광범위한 모음집을 25장 2절-29장 19절에 등장하는 더 작은 것으로 축소시켰다. 이 문맥에서 동사의 의미는 어느 쪽도 그렇게 호소력이 없다. 이것은 나중에 번역자들과 랍비 해석자들이 입증한다.

| 이집트와 메소포타미아의 유사점 |

누구도 이집트와 메소포타미아는 물론 우가릿에 왕실 서기관이 존재했다는 데 의문을 제기하지는 않겠지만, 이스라엘이나 유다보다 더 발전한 이런 제국들로부터 유사점을 이끌어내는 것은 부적절해 보인다. 비교연구는 다음과 같은 근본적인 문제에 불가피하게 직면한다. 비교되는 두 개의 문화는 한 쪽에서 또 다른 쪽으로 개념과 실천의 전이가 인정될 만큼 실제로 비슷할까? 이 경우에 질문에 대한 대답은 부정적일 것이다. 이집트와 메소포타미아의 본문들이 학교들의 존재에 대한 충분한 증거를 제시한다는 단순한 사실은 이스라엘의 경우에 유사한 증거가 존재하지 않는다는 것에 주목하게 만든다. 침묵은 상당 부분 논증을 주저하게 만들지만, 이 경우에는 학교에 대한 사라진 암시가 이례적이라서 설명이 필요하다.[30] 성서에 기록된 왕실의 관리명단에는 어째서 교육을 담당한 관리가 전혀 거론되지 않고, 또 이스라엘의 지혜자들은 벤 시라(Ben Sira) 이전의 학교를 조금도 언급하지 않았을까?

이스라엘의 지혜 문헌과 이집트와 메소포타미아의 그것 사이의 비슷한 특징은 유추를 통한 논증의 적절성을 부정하기 어렵게 만든다. 이스라엘과 이집트의 지혜 사이의 관련성에 대한 닐리 슈팍(Nili Shupak)의 분석은 이 점을 강조한다. 유사점이 발상을 지나서 언어적 표현으로 넘어가기 때문이다. 그녀는 이집트의 것과 상응하는 여덟 개의 히브리식 표현을 찾아냈는데 "번역"이 넷, 그리고 "각색"이 넷이다.[31] 학자들은 오랫동안 성서의 지혜에 끼친 이집트의 영향을 인정해왔다. 그것은 잠언 22장 17절부터 24장 22절까지의 내용과 아메네모페의 교훈(Instruction of Amenemope)을 서로 밀접하게 연계한 데 따른 결과일 수 있다. 이런 이집트의 영향에는 "내 아들"을 수신자로 활용하는 것 이외에도 이집트의 영향에는 다음의 것들이 특별히 포함된다. 질서의 개념-이집트의 마아트(Ma'at)를 반영한-즉, 창조의 순간에 신적 임재 속에서 놀이를 하는 어린이 같은 지혜, 왕위의 기초가 되는 공의, 지혜는 한 손에 공의와 또 다른 손에 생명을 쥐고 있는 것이라는 개념, 마음을 정확한 저울로 잰다는 개념, 행동하는 것을 총명함의 내용으로 활용하는 것, 죽음의 사자라는 개념, 목에 걸친 명예로운 화관, 어리석은 이들을 "격한 것"으로 설명하는 것, 서기관이라는 직업을 다른 모든 직업보다 우월하게 칭송하는 것, 그리고 속죄의 의식일 수 있는 "원수의 머리에 숯불을 올려는 것"이라는 표현이 그것들이다. 게다가 히브리어로 철필과 먹물에 해당하는 낱말들 역시 이집트에서 차용했다.

성서의 지혜와 메소포타미아 문헌 간의 관련성은 언어의 표현을 넘어서서 특히 죽음에 직면하는 신정론(theodicy)이라는 성가신 주제로 확대된다. 게다가 고대 수메르의 유명한 문헌에는 말하는 사람이 "내 아들"이라고 불리고, 대변자는 "아버지"가 된다. 지혜와 메소포타미아의 비슷한 문헌 사이의 이런 유사점이 바빌로니아의 지혜가 이례적으로 주술을 신뢰했다는 사실을 감추지 못한다. 이 대목에서 학문에 익숙한 사제들은 인간의 이익을 위해 신들을 조종하려고 노력했다. 때문에 예언문헌이 이런 노력의 중심을 차지한다. 두 분야 사이의 관련성을 강조하는 해석자들은 선별적으로 차용이 이루어졌다는 사실을 인정해야 하는데, 이렇게 시인하면 유추에 근거한 주장이 약화된다.

이런 식의 추론은 메소포타미아와 이집트에서, 그리고 이스라엘에서는 암묵적으로 중개자들의 필요에 역시 주목하게 만들었다. 솔로몬의 통치와 일부 다윗 시대의 행정구조는 교육을 담당하는 정부의 관리가 결정적으로 존재하지 않았다는 것을 제외하고는 이런 주장에 힘을 실어주었다. 데이빗 제이미슨-드레익(David W. Jamieson-Drake)이 시도한 유다의 행정에 관한 검증은 8세기 이전의 학교 존재에 관해서 중대한 문제를 제기한다.32 고고학 자료에 결함이 있기는 했지만[33] 그가 연구한 증거-촌락의 숫자와 규모, 방어시설과 공공건물과 같은 공공 사역의 범위, 그리고 식량의 생산자 이외의 전문가들을 상정하게 하는 사치품의 양-는 10, 9세기의 복잡한 행정에 관해서 심각한 의문을 제기한다. 한편으로는 이집트와 메소포타미아, 그리고 또 다른 편으로는 이스라엘처럼 복잡한 사회는 사실 서로 달랐고, 제이미슨 드레익은 바로 그 사실을 강조했다. 그래도 그 차이의 수준은 상대적이고, 이스라엘 사회는 그레이엄 데이비스의 생각처럼 공식적인 학교들을 상정할 수 있는 충분히 훈련된 관료들의 역할이 당연히 필요했을 것이다.[34] 비교적 소수의 활발한 구성원을 가진 개별적인 서기관 가족이 정부의 요구에 부응하는 인적 자원을 제대로 훈련할 수 있는지의 여부는 판단의 문제이다.

유추에 따른 논의는 고대 근동문화의 또 다른 측면, 즉 문헌과 관계가 있다. 일부 해석자들은 성서 문헌의 수준을 고려하면 이집트와 메소포타미아의 고전적 본문들과 서기관의 훈련제도를 분리해서 생각할 수 없듯이 형식적 교육은 필수적이라고 주장한다.[35] 하지만 성서에 수집된 유명한 발언들을 설명하기 위해서 형식적 훈련을 상정해야 할 필요성을 입증하는 데 누구도 성공하지 못했고, 문학적 각색의 범위는 단일 조합에서 훈련된 이들의 작업으로 설명될 수 있다. 욥기와 전도서도 동일하다. 언어와 주제들은 지혜를 가르치는 공동체를 상정하지만, 그 자체가 사회와 무관하지 않았다. 해석자들은 벤 시라의 학교가 갖는 명백한 의미를 거의 언급하지 않았다. 그곳은 어느 연로한 정치인의 제한적인 교육이론과 일치하는 사적 학습공간이었다.[36]

| 결론 |

학교의 존재를 알리는 가장 강력한 증거는 금석학 자료들이다. 이런 명문들에 따르면 적어도 8세기경부터 학교들이 이스라엘에 존재했다는 데는 거의 이론의 여지가 없지만, 그렇다고 해서 이런 학습장소의 성격을 명확하게 제시하지 않는다. 그것들은 정부의 지원을 받고 모든 시민들에게 개방된 것일까, 아니면 학교는 가족들의 일부 우두머리의 통제를 받은 것일까? 대개는 선택이 가능한 것들의 조합이 상황을 가장 잘 설명한다. 일부 서기관 조합들은 초창기부터 존재해서 일부 왕정이 홍보와 기록보관과 행정활동을 지원하는데 활용되거나 나름의 주도권을 유지했을지 모른다. 일차적으로 북쪽, 그리고 이후에 유다 왕조가 붕괴하면서 단일 조합이 유배생활과 나중에는 유다에서 서기관들을 계속 훈련했을 수도 있다. 사제 같은 서기관들을 크게 강조한 에스라 덕분에 아마 결정적인 전환이 일어났을 것이다. 벤 시라는 이 서기관 전통을 지속했다.[37] 하지만 적어도 한 개의 세속적인 조합, 또 어쩌면 그 이상이 일반 시민들의 사업뿐 아니라 대표적인 상인들의 여러 문서들을 통해 수입을 올릴 수 있는 권리를 놓고 경쟁했을 것이다.

사안을 이렇게 다루는 것은 확률에 근거한 것이지만 전적으로 추정일 뿐이다. 세금납부자의 지원을 받고, 누구에게나 개방된 공립학교는 존립할 필요가 없었던 것 같다. 실제로 학교에 출석하면 좋은 점보다 불리한 점이 많았다. 이런 상황이 바뀐 정확한 시점을 확정하지는 못하지만 복음서는 어느 목수의 아들이 글을 읽고 썼다고 전제하는데, 이런 상황 인식은 공교육의 기원에 관한 랍비식 전통과 일치한다.

주
footnote

1. "Egyptian Wisdom Literature," pp. 17-18 in Wisdom in Ancient Israel.

2. sb3yt라는 표현은 지혜 교육만이 아니라 대단히 상이한 유형의 문헌에도 등장한다. 마찬가지로 "서기관"이라는 낱말은 다양한 직업에 종사하는 교육받은 사람들을 가리켰다. 일부 지혜 본문들을 sb3yt 라고 부를 수 있지만, 대부분의 sb3yt는 지혜 교육이 아니다. 지혜 문헌에 집중한 것은 전체 서기관이 아니라 일부였다.

3. Loren R. Mack-Fisher, "The Scribe(and Song) in the Royal Court at Ugarit," 109-115 in The Sage in Israel and the Ancient Near East and Anson F. Rainey, "The Scribe at Ugarit: His Position and Influence," Proceedings of the Israel Academy of Sciences and Humanities 3(1969) pp. 126-146.

4. Golka, The Leopard's Spots, pp. 10-11("교육은 소위 주인-도제

제도를 전제한다."…"젖을 뗀 이스라엘 소년의 교육은 아버지 책임이다.")

5. 솔로몬의 각성으로 지혜 문헌, 특히 요셉 이야기가 등장했다는 폰 라트(Von Rad)의 가설은 매력을 상실했다. 반면에 월터 브루그만(Walter Brueggemann)은 전체적인 개념이 여전히 가치 있는 것으로 간주한다("The Social Significance of Solomon as a Patron of Wisdom," pp. 117-132 in The Sage in Israel and the Ancient Near East).

6. 외교적인 목적에 따른 아람어의 채택은 활용하는 재료들을 철필과 점토판에서 붓과 먹물, 그리고 파피루스로 바꾸게 만들었다.

7. Davies, "Were there schools in ancient Israel?" pp. 210-211.

8. 욥기에 관한 최근의 견해들은 내 글에 소개되어 있다. "Job, Book of," The Anchor Bible Dictionary, vol. III, ed. David Noel Freedman(New York: Doubleday, 1992).

9. Lemaire, Les Ecoles et la formation de la Bible dans l'ancien Israel.

10. Jeremy A. Black and W. J. Tait, "Archives and Libraries in the Ancient Near East," pp. 2197-2209 in Civilizations of the Ancient Near East, vol. IV.

11. Contra Heaton, The School Tradition of the Old Testament, pp. 1-2.

12. A. van Selms, "Isaiah 28:9-13: An Attempt to Give a New Interpretation," ZAW 85(1973) pp. 332-330는 이 난해한 본문을 아카드어 방식으로 번역한다. 그는 이렇게 기록한다. "보내라! 그

를 내보내라! 보내라! 그를 내보내라! 기다려라! 그를 기다리게 하
라! 기다리라! 그를 기다리게 하라! 종이여, 들어라! 종이여, 들어
라!"

13. 골카(Golka)는 이 본문에 등장하는 예언자 훈련생의 언어가 종
    을 신적 위임에 순종한 존재로 묘사하고 있다고 제대로 지적한다
    (The Leopard's Spots, pp. 7-8).

14. Shupak, Where can Wisdom be found? 전도서 저자(Qoheleth)
    는 여러 곳에서 이 광범위한 용법을 단념한다. 그는 자신이 목격
    한 것을 강조한다.

15. 성서의 예언자들이 하나님의 조심스런 조종이라는 관점에서 자연
    의 일상적인 일을 바라본 또 다른 사례로는 원인과 결과의 원리
    에 근거해서 아모스가 사건들을 논의하는 3장 3절-8절과 4장 6
    절-11절의 "허비한 기회의 예전"(liturgy of wasted opportunity)
    이 일차적으로 포함되는데, 거기서 예언자는 이스라엘을 회개하게
    만들지 못한 심판의 행위를 거론한다.

16. 대개 본문비평은 처음에 나오는 "지혜 있는 자의 말씀"이 아메네모
    페 교훈(Instruction of Amenemope)과 유사한 모음집을 구성하
    는 이 서론의 실제 본문에 우발적으로 포함되었다고 가정한다.

17. 무의미한 형식인 slswm(salisim, Qere)은 30개의 장으로 구분된
    아메네모페 교훈을 근거로 설명되었는데, 개인의 운명을 결정하는
    것으로 믿은 30명의 재판관을 상징한다(하지만 한글 개정개역판
    성경은 "30"이라는 숫자를 생략했다-옮긴이).

18. Glendon E. Bryce, A Legacy of Wisdom(Lewisburg, PA:
    Bucknell University, 1979)은 외국의 문물이 상이한 문화에 통합

되는 방식을 탐구한다. Washington, Wealth and Poverty in the Instruction of Amenemope and the Hebrew Proverbs는 사회학적인 요인들에 집중한다.

19. W. Lee Humpreys, "The Motif of the Wise Courtier in the Book of Proverbs," pp. 177-190 in Israelite Wisdom.

20. Menahem Haran, "The Graded Numerical Sequence and the Phenomenon of 'Automatism' in Biblical Poetry," Congress Volume VTS 22(Leiden: E. J. Brill, 1972)를 근거로 삼아서 마이클 팍스(Michael Fox)는 이런 잠언의 구절에 등장하는 "어미"라는 언급은 불필요한 것으로 간주한다("The Social Location of the Book of Proverbs," p. 231). 아버지에 해당하는 낱말과 어머니에 해당하는 것을 이렇게 균형 잡는 것은 절대적으로 필요하거나 자동적이 아니다. 시인이 정확한 대구를 이루는 또 다른 표현(네 어미/너를 낳아준 이)을 쉽게 활용할 수도 있었기 때문이다.

21. Davies, "Were there schools in ancient Israel?" pp. 199-200(잠언 4:7 이외에도 잠언 17장 16절과 23장 23절을 다룬 내 논문 "Education in Ancient Israel," p. 602를 인용한다.)

22. 히브리어 본문이 잠시 교훈을 듣는 대가로 은과 금을 약속하는 데 비해서 그리스어 본문은 배움을 위해 은을 지불하지만 반대로 많은 금을 얻는다는 사실을 시사한다.

23. Susan Niditch, Oral World and Written World: Ancient Israelite Literature(Louisville: Westminster John Knox, 1996)는 고대 이스라엘이 구술문화에서 문자문화로의 전이를 보여주는 증거를 검증한다. 그런 작업을 통해서 그녀는 필기가 도입된 뒤에도 오랫

동안 구술 능력이 지속되었다는 사실을 증명한다. 구술과 읽기쓰기 기능력의 상호작용은 Simon B. Parker, Stories in Scripture and Inscriptions(New York and London: Oxford University Press, 1997), pp. 8-10을 볼 것.

24. Les Ecoles et la formation de la Bible dans l'ancien Israel. 르메르는 아벡, 게셀, 므깃도, 세겜, 라키시, 그리고 예루살렘 같은 주요 가나안 도시들은 나중에 이스라엘의 중심지들(실로, 세겜, 길갈, 벧엘, 헤브론, 그리고 브엘세바)처럼 학교들을 운영했다고 생각한다. 게다가 그는 아랏, 가데스-바네아, 그리고 쿤틸렛 아즈룻 같은 지역의 학교들이 초등교육에 집중한 반면에 라키시처럼 지방의 학교들은 더 수준이 높았다고 추정한다. 학교들과 함께 제사장이나 예언자 학교들이 있었다는 게 르메르의 견해이다. 그래서 수업은 문, 성전, 그리고 궁중에서 진행되었다. 르메르에 따르면, 성서는 학생들이 수업에 사용할 수 있게 문헌을 제공하는 과정에서 구성되었다.

25. "Les Ecoles dans l'Israel preexilique: donnees epigraphiques," Congress Volume: Jerusalem 1986(VTS 40, 1988), pp. 189-203.

26. Weeks, Early Israelite Wisdom, pp. 132-156은 금석학 자료를 철저하게 검증하고 나서 "이스라엘에 학교들이 존재했다는 것을 가리키는 성서 및 금석학적 자료는 실제로 아주 취약해보여서 대규모의, 통합된 학교제도의 가설을 조금도 지지하지 않는 게 분명하다"(153)고 말한다. 금석학적 증거에 대한 내 분석은 그에게 영향을 받았다. Haran, "On the Diffusion of Literacy and Schools

in Ancient Israel"은 나처럼 르메르의 증거를 대부분 배제한다 ("Education in Ancient Israel").

27. "Were there schools in ancient Israel?" 그는 8세기 이전까지의 형식적 교육은 주요 도시들과 그곳들에 의지하는 행정중심지들에 국한되었을 것이라고 생각한다. 데이비스는 촌락의 장로들이 일부 지역의 학교들을 주도했을 것이라고 역시 생각한다. 어떻든 간에 그는 보다 전문적인 기술들이 학교를 통해서 전달되었을 가능성이 있다고 주장한다(pp. 210-211).

28. "Were there schools in ancient Israel?," p. 210.

29. Early Israelite Wisdom, pp. 140-141.

30. Fox, "The Social Location of the Book of Proverbs"는 다음의 결정적인 질문을 제기한다. "명시적인 상황이 실제로 교사와 학생으로 구성된 학교의 상황과 일치하는 증거라면, 대략 2600년이라는 기간 동안 학교의 교사들은 지혜의 저작에서 교사의 역할을 감추기로 결심한 것일까?"(p. 232). 계속해서 그는 잠언이 대표적인 상인들과 법정의 정부 관리들을 섬기는 서기들을 위해서 일부 발언들이 기록된 증거를 보존하고 있다고 주장한다(pp. 232-239).

31. Where can Wisdom be found? 이런 네 개의 "지혜에 해당하는 용어들"은 문자적인 번역이다("분을 쉽게 내는 자," "노하기를 더디 하는 자," "마음을 감찰하다," 그리고 "지혜의 말"). 다른 것들은 이집트의 것("뱃속," "노하기를 더디 하는 자," "울분한 자," (qesar 'appayim이나 qesar ruah 모두 가능))을 받아들였다.

32. Scribes and Schools in Monarchic Judah: A Socio-Archaeological Approach.

33. Davies, "Were there schools in ancient Israel?," pp. 207-209.

34. Ibid., pp. 209-211.

35. von Rad, Wisdom in Israel, p. 17.

36. "Sirach"에 관한 나의 주석을 볼 것(The Interpreter' Bible, vol. V. Nashville: Abingdon Press, 1997), pp. 601-867, 그리고 "The Primacy of Listening in Ben Sira's Pedagogy," pp. 172-187 in Wisdom, You Are My Sister: Studies in Honor of Roland E. Murphy, O. Carm., on the Occasion of His Eightieth Birthday, ed. Michael L. Barre(CBQMS 29; Washington, D. C.: The Catholic Bible Association of America, 1997).

37. 하지만 벤 시라가 과도할 정도로 매력적인 레위인으로 간주하는 에스라의 직접적인 계보가 아닌 것은 분명하다.

고대 이스라엘의 종교교육

초판 1쇄 발행 2012. 7. 18

지은이   플래처 H. 스위프트
옮긴이   유재덕
펴낸이   방주석
영업책임   유영채
디자인   전찬우

펴낸곳   도서출판 소망
주소   서울특별시 종로구 연지동 136-56 기독교연합회관 1309호
전화   02-392-4232   ┃   팩스   02-392-4231
이메일   somangsa77@hanmail.net

출판등록 1977년 5월 11일(제11-17호)
ISBN 978-89-7510-085-7 03230
책값 뒤표지에 있습니다

도서출판 소망은 기독교문화 창달을 위해 좋은 책 만들기에 힘쓰고 있습니다.

오직 성령이 너희에게 임하시면 너희가 권능을 받고
예루살렘과 온 유대와 사마리아와 땅끝까지 이르러 내 증인이 되리라 (행 1:8)